Udo Datené/Gerd Datené

Burnout als Chance

Udo Datené/Gerd Datené

Burnout als Chance

Kräfte mobilisieren
für Beruf und Privatleben

SPRINGER FACHMEDIEN WIESBADEN GMBH

Die Deutsche Bibliothek – CIP-Einheitsaufnahme

Datené, Udo:
Burnout als Chance : Kräfte mobilisieren für Beruf und
Privatleben / Udo Datené ; Gerd Datené. – Wiesbaden :
Gabler, 1994
    ISBN 978-3-663-05819-9   ISBN 978-3-663-05818-2 (eBook)
    DOI 10.1007/978-3-663-05818-2
NE: Datené, Gerd:

Der Gabler Verlag ist ein Unternehmen der Bertelsmann Fachinformation.

© Springer Fachmedien Wiesbaden 1994
Ursprünglich erschienen bei Betriebswirtschaftlicher Verlag Dr. Th. Gabler GmbH, Wiesbaden 1994
Softcover reprint of the hardcover 1st edition 1994
Lektorat: Manuela Eckstein

Das Werk einschließlich aller seiner Teile ist urheberrechtlich geschützt. Jede Verwertung außerhalb der engen Grenzen des Urheberrechtsgesetzes ist ohne Zustimmung des Verlags unzulässig und strafbar. Das gilt insbesondere für Vervielfältigungen, Übersetzungen, Mikroverfilmungen und die Einspeicherung und Verarbeitung in elektronischen Systemen.

Höchste inhaltliche und technische Qualität ist unser Ziel. Bei der Produktion und Verbreitung unserer Bücher wollen wir die Umwelt schonen: Dieses Buch ist auf säurefreiem und chlorarm gebleichtem Papier gedruckt. Die Einschweißfolie besteht aus Polyäthylen und damit aus organischen Grundstoffen, die weder bei der Herstellung noch bei der Verbrennung Schadstoffe freisetzen.

Die Wiedergabe von Gebrauchsnamen, Handelsnamen, Warenbezeichnungen usw. in diesem Werk berechtigt auch ohne besondere Kennzeichnung nicht zu der Annahme, daß solche Namen im Sinne der Warenzeichen- und Markenschutz-Gesetzgebung als frei zu betrachten wären und daher von jedermann benutzt werden dürften.

Umschlaggestaltung: Schrimpf und Partner, Wiesbaden
Satz: Satzstudio RESchulz, Dreieich-Buchschlag

ISBN 978-3-663-05819-9

Vorwort

In einer Zeit, die fast explosionsartige Umbrüche in technologischer und ökonomischer Weise mit sich bringt, in der Fragen der Ökologie und Zukunftsforschung unser menschliches Überleben im Ganzen betreffen, da scheint kaum noch Raum, das eigene Leben privat und beruflich mit Gelassenheit, Freude und in Muße zu erfahren. Doch je mehr Hektik und Streß unser Dasein in einem immer härter werdenden Existenzkampf bestimmen, um so mehr sehnen wir uns nach innerer Zufriedenheit und Sinnerfüllung unseres Lebens.

Wir pendeln zwischen vermeintlicher Fremdbestimmung und Sehnsucht nach eigenbestimmtem Fühlen und Handeln hin und her. Schließlich klaffen „Müssen" und „Wollen" so weit auseinander, daß unser innerer Kampf zu einer Zerreißprobe zu werden droht und unsere Energien aufgezehrt werden. Wir spüren, daß wir uns „verzetteln", uns als Mensch in unseren Grundbedürfnissen „aus den Augen verlieren". Wir haben das Gefühl, nur noch funktionieren zu müssen, fühlen uns ausgebrannt und leer.

Viele von uns erleben das Phänomen Burnout, die schleichende Bedrohung unserer Lebensqualität und Gesundheit, und, was das Schlimmste ist, wir fühlen uns diesem Phänomen hilflos ausgeliefert; die persönliche Krise scheint vorprogrammiert.

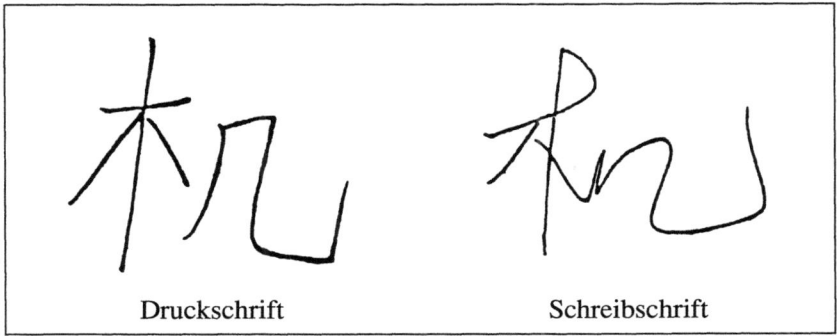

Druckschrift   Schreibschrift

Das chinesische Schriftzeichen Ji steht sowohl für Krise als auch für Chance

Dennoch bedeutet Krise auch Chance, wenn wir bereit sind, unser derzeitiges Lebenssystem einer selbstkritischen, realistischen Betrachtung und Analyse zu unterziehen und die Verantwortlichkeit für Wohlbefinden und Sinnerleben wieder selbst in die Hand zu nehmen.

Vorbeugen heißt aber auch, vorhandene Lebensqualität nicht unüberlegt aufs Spiel zu setzen und dem Burnout frühzeitig genug Einhalt zu gebieten. Nehmen wir deshalb das Burnout-Syndrom zum Anlaß, über uns nachzudenken. Begreifen wir es als Chance, unseren „Selbstwert" wieder zum Maßstab unserer Lebensqualität werden zu lassen.

Beginnen muß jeder bei sich selbst, bei seinen persönlichen Lebensumständen, seiner individuellen Biographie, seinen eigenen Bedürfnissen und Wünschen ... Benutzen Sie deshalb das vorliegende Buch als Arbeitsmittel, um sich selbst besser kennenzulernen. Erkennen Sie Umstände und Ursachen, die Ihr jetziges Leben bestimmen; entwickeln Sie mit unserer Anleitung Ihren individuellen Plan, um dem Burnout wirksam zu begegnen.

Und denken Sie daran: Es lohnt, sich selbst zu akzeptieren! Nicht als den Zwerg seiner Ängste, aber auch nicht als den Giganten seiner Träume.

Inhalt

Vorwort 7

I. **Ausgebrannt und leer – eine Bestandsaufnahme** 9

   Niemand ist ganz frei 9
   Faktoren, die unsere Einstellung zur Welt
   und zu uns selbst prägen 11
      Die Ausgangsposition 11
      Eustreß und Distreß:
      Eine Streßbilanz unserer Gesellschaft 12
      Die Auswirkungen 22
   Erste persönliche Bestandsaufnahme 24
      Test zur Feststellung des Burnout-Faktors 24
      Selbsteinschätzungsprofil und biographischer
      Hintergrund 27

II. **Ausgebrannt und leer – Bedrohung, Antwort
und Chance** 31

   Ursachen der Bedrohung im gegenwärtigen Umfeld 31
      Die alles entscheidenden Rückmeldungen 31
      Der innere Dialog 39
      Die verzerrte Wahrnehmung 42
      Der Energiehaushalt 48
   Der Umgang mit der Bedrohung 54
      Die biophysische Antwort 54
      Die bewußt auf Änderung abzielende Aktivität 56
   Zweite persönliche Bestandsaufnahme 60
      Einschätzungstest zum Burnout anhand konkreter
      Lebenssituationen 61
      Interpretation, Tips und Anregungen 65

III. Ausgebrannt und leer – Hilfen zur Selbsthilfe 87

    Vom Umgang mit sich selbst und anderen 87
        Wahrnehmen, Verstehen und Verständigen 87
        Vom Umgang mit Konflikten....................... 101
        Vom Umgang mit Menschen 128
        Vom Umgang mit der Zeit und den Aufgaben
        des Lebens 144
    Hinweise zur Vorbeugung und Überwindung des Burnout ... 159
        Individueller Maßnahmenkatalog 159
        Unterstützende Vorschläge zur praktischen
        Anwendung 162

Rückblick und Ausblick 177

Die Autoren.. 179

I. Ausgebrannt und leer – eine Bestandsaufnahme

Niemand ist ganz frei ...

Niemand ist ganz frei, aber niemand ist auch völlig abhängig von äußeren Gegebenheiten. Wir bringen uns selbst mit auf diese Welt durch das, was wir ererbt haben, und erleben die auf uns einwirkende Umwelt mehr oder weniger bewußt als prägend für unser Leben.

Grundsätzlich gilt, daß unser gegenwärtiges Handeln, Denken und Fühlen von unserer Vergangenheit mitbestimmt wird: Erbe und prägende Umwelt als „vergangene Bausteine" unseres bisherigen Lebens lassen uns unsere Gegenwart in einer ganz bestimmten, individuellen Sichtweise erleben und begreifen, woraus wir letztlich unser Verhalten, unsere Einstellungen für zukünftiges Handeln ableiten.

Gleichzeitig aber ist gegenwärtiges Erleben Bestätigung oder Korrektur dessen, was bisher individuell für uns gültig war oder derzeit ist. Leben kann deshalb als permanenter Anpassungsprozeß an die Welt, aber auch als Anpassung der Welt an die eigene Person betrachtet werden.

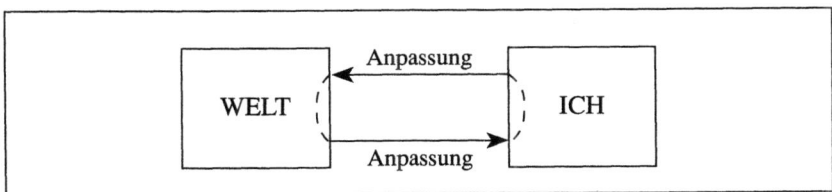

Anpassungsprozeß zwischen Welt und Person

Dieser Prozeß ist ein lebenslanges Abenteuer, voll innerer Dynamik und mit lust- oder leidvoller Spannung verbunden. Im Grunde muß es tagtäglich neu bestanden werden. Neben Schönem erleben wir Einengendes, Lust und Verzicht, Lob und Tadel, Anerkennung und Ablehnung.

Je nachdem, wie ausgewogen Positives und Negatives unser Leben bestimmt haben, entwickeln wir zu uns selbst eine nahe, liebevolle und akzeptierende Einstellung, ohne unsere Grenzen zu verkennen. Oder wir empfinden uns selbst gegenüber eine ängstlich-mißtrauische Distanz und fühlen uns ungewollt und irgendwie nicht o.k.

Je nachdem, was uns in unserem Leben (auch gegen unseren Willen, gegen unser Bedürfnis) „übergestülpt" wurde, reagieren wir auf die Herausforderungen unserer Gegenwart in Partnerschaft und Beruf, im sozialen Umfeld und letztlich auch auf uns selbst mit Zuversicht und Selbstvertrauen oder mit Verzagtheit und Rückzug.

Stellen Sie sich bitte vor (oder machen Sie dieses kleine Experiment einmal selbst), daß Sie einer brennenden Kerze langsam und immer tiefer gehend ein Glas überstülpen. Was geschieht mit der aufrecht brennenden, klaren Flamme? Sie wird zunächst kleiner, bäumt sich möglicherweise noch einmal auf, um schließlich zu verlöschen und auszubrennen. Ausgebrannt – wodurch? Lebensnotwendige Nahrung von außen kann die Flamme nicht mehr erreichen, die Kraft- und Lebensreserven von innen reichen nicht aus, um dem Burnout zu entgehen. Das, was der Kerze übergestülpt wird, verursacht ihr Erlöschen.

Dennoch: Bis zu einem gewissen Grad hat die Flamme das Wasserglas ausgehalten, sich mit der Beschränkung arrangiert und ist erst bei übermäßiger Einengung ihrer Lebensbedürfnisse verloschen. Um die Flamme wieder entzünden zu können, muß genau diese Einengung beseitigt bzw. auf das noch verträgliche Maß reduziert werden.

Riskieren wir es, diesen bildhaften Vergleich auf uns selbst zu übertragen, auf das, was unsere individuelle Lebensenergie einschränkt, was uns tatsächlich „übergestülpt" wurde, oder auf das, wovon wir annehmen, es sei uns von außen irreversibel als Beschränkung auferlegt worden. Spüren Sie doch einmal in sich hinein, bevor Sie weiterlesen. Setzen Sie sich bequem in einen Sessel, hören Sie Ihre Lieblingsmusik, und spüren Sie dem Bild der verlöschenden Kerze nach. Trifft es auf Sie zu? Welche Gefühle haben Sie? Trauer? Wut? Angst?

Faktoren, die unsere Einstellung zur Welt und zu uns selbst prägen

Wenn Sie den Vorschlag angenommen haben, bei Ihrer Lieblingsmusik der verlöschenden Kerze nachzuspüren, werden Sie bestimmt in einen Zustand diffusen Gefühls und der Nachdenklichkeit geraten sein. Fragen zu Ihrem Selbstverständnis tauchen auf, und möglicherweise ist der Wunsch groß, Ursachen zu erkennen und Wege zu finden, die eine jetzige „IST-Situation" in eine lebenswertere, sinnerfülltere „SOLL-Situation" überführen. Hierzu ist es aber unumgänglich, zunächst Bilanz zu ziehen und sich über die Ausgangsposition, von der aus Sie „starten", klar zu werden.

Die Ausgangsposition

Allgemein gilt, daß unsere Biographie, unsere Vorerfahrungen, Prägungen und Konditionierungen auf der Grundlage unserer ererbten Anlagen das aus uns gemacht haben, was wir heute sind oder zu sein glauben.

Vereinfacht dargestellt sieht die Wechselwirkung von Erbe und Umwelt etwa so aus:

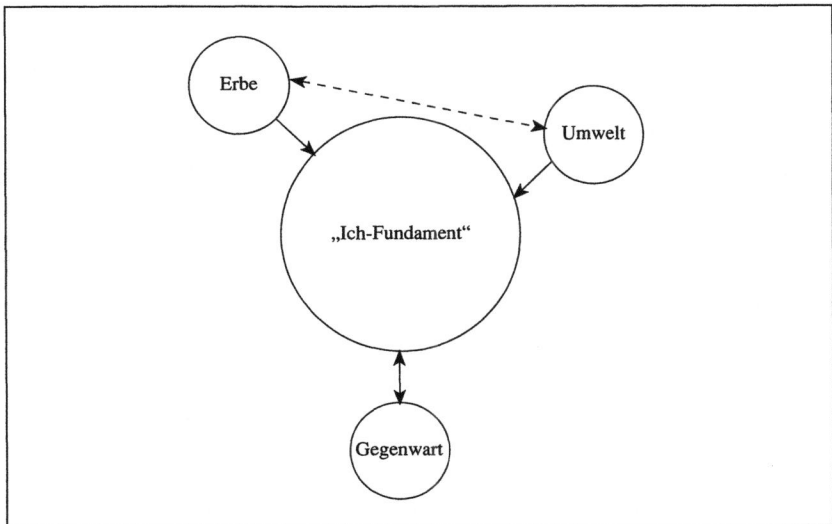

Wechselwirkungsmodell

Mit diesem „Fundament" begegnen wir der Gegenwart: unserer Familie, den Freunden, den beruflichen Ansprüchen ... Gleichzeitig nehmen wir entsprechend unseres Fundamentes (unseres „So-Seins") die Herausforderungen der Gegenwart wahr: politische, ökologische, ökonomische und technische Entwicklungen, Wissenschaft, Religion, kurz: Wir antworten auf die „Welt" aus unserem individuell entstandenen „Fundament" und reagieren ebenso aus dem gleichen individuellen Fundus heraus auf die Fragen, die diese Welt an *uns* stellt.

Es hängt also von unserem eigenen Fundament ab, ob wir die derzeitige Welt als bedrohlich und erdrückend oder als gestalt- und mitbestimmbar erleben. Doch egal, ob für uns die eine oder andere Seite stimmen mag, unsere Gegenwart ist gleichzeitig Verstärkung und Bestätigung dessen, was wir „schon immer wußten"; aber ebenso kann sie auch Anreiz und Motivation sein, bestehende Weltbilder zu verschieben und – sofern passend – in das Puzzle des eigenen „So-Seins" zu integrieren.

Solange diese „dynamische Integration" zum Wohle des eigenen Befindens und des persönlichen Wachstums stattfindet, solange wird der Betroffene keine negativen Auswirkungen in Form von Burnout zu befürchten haben. Ganz anders liegt der Fall, wenn die Situation vom Betreffenden als (grundsätzlich) „einengend" und/oder als nicht mehr „wachstumsfähige" Gegenwart empfunden wird.

Es kommt zu „Rückmeldungen" im körperlichen, seelischen und geistigen Bereich. Wir befinden uns plötzlich in einer Art Sackgasse, die uns in unserer Gesamtheit umfaßt, und, ohne es zu wollen (geschweige denn zu wissen), befinden wir uns im Teufelskreis des beginnenden oder schon fortgeschrittenen Burnouts.

Eustreß und Distreß:
Eine Streßbilanz unserer Gesellschaft

Der Begriff „Streß" ist heutzutage weit verbreitet. Meist wird er im Zusammenhang mit etwas Unangenehmem, Belastendem, Bedrückendem gesehen. Er wird benutzt bei Tageshektik, im Straßenverkehr, bei der Arbeit, bei Überforderung oder bei Unzufriedenheit allgemein. Wir sprechen heute sogar vom sogenannten „Freizeit-Streß"!

Was ist denn „Streß" zunächst einmal wirklich?

„Streß" ist, neutral betrachtet, ein Spannungszustand, eine überdurchschnittliche Beanspruchung, die – und das ist wesentlich – sowohl *positiv* als auch *negativ* für den Menschen sein kann. So unterscheiden wir zwischen „Eustreß", dem positiv wirkenden Spannungszustand, und „Distreß", der negativ empfundenen und meist auch so wirkenden Spannung.

Eustreß wird zum Beispiel erlebt, wenn es sich um eine freudige, spannende und anspornende Herausforderung handelt, die wir aus innerem Antrieb heraus gerne annehmen. Dies können beispielsweise interessante, motivierende Aufgaben, sportliche Herausforderungen, mit Lust erlebte Wettbewerbe oder Hobbies sein.

Ein Beispiel:

Herr M. kommt von einem anstrengenden Arbeitstag, der ihn nicht sehr befriedigt hat, nach Hause. Eigentlich müßte er aufgrund des Tages seine Energien verbraucht haben; er fühlt sich im Grunde kaputt. Dennoch zieht er sich um und geht in seinen Garten, um umzugraben, zu pflanzen und den Rasen zu vertikutieren. Herr M. tut dies mit Freude, innerer Zufriedenheit und Gelassenheit. Ja, er fühlt sich wohl und glücklich! Nach getaner Arbeit genießt er sein Werk, sinkt entspannt und mit sich selbst zufrieden in seinen Sessel und belohnt sich mit dem guten Gefühl eines gelungenen Tages.

Dieses Beispiel verdeutlicht sehr anschaulich, was Eustreß und Distreß bei Menschen ausmachen – und wie viele Reserven in einem Menschen vorhanden sind, wenn er eine Situation als Eustreß *erlebt*! Die Arbeit hat Herrn M. „geschlaucht", „genervt", angestrengt und ausgelaugt – eben „gestreßt" im Sinne von Distreß. Eigentlich müßte Herr M. alle Energien verbraucht haben. Dennoch verbringt er während der Gartenarbeit Höchstleistungen (!), die – objektiv gesehen – unter Umständen wesentlich anstrengender waren als die Tätigkeiten während seines Arbeitstages.

Es hängt also von vielen, dem Menschen nicht immer bewußten Faktoren ab, ob eine Situation als Eustreß oder als Distreß *erlebt* wird. Streß ist also, neben vielen erklärbaren und wissenschaftlich begründbaren Ursachen, zu einem ganz erheblichen Teil unser *subjektives Empfinden und Erleben* einer Situation, eines Geschehens, einer Aufgabe oder Herausforderung.

14   Ausgebrannt und leer – eine Bestandsaufnahme

Ob wir unsere Arbeit, unser Dasein, unser Leben als Eustreß oder aber als Distreß erleben, hängt also in wesentlichem Maße davon ab, welches Bild wir davon in uns selbst haben, wie wir mit unserem „inneren Dialog", einer Art Positiv-/Negativ-Bilanz im Sinne eines „inneren Spiegels", auf die auf uns einwirkenden Erlebnisse, Geschehnisse und Eindrücke von außen reagieren!

Versuchen Sie an dieser Stelle einmal innezuhalten und sich eine Situation Ihres Lebens vorzustellen, in der Sie Distreß empfinden. Spüren Sie dabei Ihren Gedanken nach: Welches „Bild" haben Sie vor Augen? Welche Empfindungen können Sie nachvollziehen? Wie fühlen Sie sich in der Situation?

Versuchen Sie nun, die gleiche Situation zu objektivieren, sie quasi in einem anderen Rahmen zu sehen, indem Sie Ihre inneren Kraftquellen einsetzen, sich vorstellen, wie Sie gelassener und selbstzufriedener reagieren und agieren können, und malen Sie sich aus, wie Sie die Situation meistern. Vergleichen Sie hierbei diese Situation mit einer anderen, die Sie bereits erfolgreich gemeistert haben, vielleicht aus einem ähnlichen Lebensbereich.

Gelingt es Ihnen hier schon, sich etwas anders, weniger streßbeladen zu fühlen? Wenn Sie eine positive Veränderung bemerken, setzen Sie sich selbst irgendeinen „Anker", zum Beispiel einen Satz, den Sie sich einprägen, ein Bild, das Sie jederzeit zurückholen können, oder ein körperliches Signal, beispielsweise das Aneinanderlegen der Kuppen von Daumen und Mittelfinger, einem Ring gleich. Wenn es Ihnen gelingt, Ihren persönlichen Anker in eine starke Verbindung mit Ihren positiven Empfindungen zu bringen, können Sie diesen Anker für sich, völlig unbemerkt von anderen, jederzeit dann setzen, wenn Sie eine Situation positivieren und damit Distreß in Eustreß umkehren möchten.

Prägen Sie sich den folgenden Satz gut ein:

> „Das Leben ist das, was meine Gedanken daraus machen!"

Nun wäre es vermessen und auch nicht ehrlich, wenn wir behaupteten, alle Situationen seien durch diese Möglichkeit der „positiven Umdeutung" in Eustreß-Erlebnisse umzuwandeln. Wichtig war uns an dieser Stelle nur, verschiedene Lebenssituationen zu überprüfen und uns ein anderes, positiveres Bild davon zu machen. Hierin steckt die Chance, bei vielen alltäglichen Ereignissen mehr Gelassenheit zu entwickeln und durch das eigene Gegenwirken solche Situationen zu „entschärfen".

Es gibt aber in der Tat eine Vielzahl von subjektiven und objektiven Distreß-Faktoren, die nicht nur so einfach mit der „Kraft des positiven Denkens" oder dem „Aufsetzen der rosaroten Brille" weggewischt werden können. Auch wenn solche Distreß-Faktoren „nur" subjektiv empfunden werden, sind sie für uns vorhanden und müssen ernst genommen werden! So ist unser empfundener Streß bei einer Prüfung ebenso existent wie unspezifische, nicht näher definierbare innere Unruhe- oder Angstzustände.

Die Ernsthaftigkeit solcher subjektiv empfundenen oder objektiv meßbaren Distreß-Faktoren zeigt eine *Streßbilanz unserer Gesellschaft*. Werfen wir eine Blick auf unsere Arbeitswelt:

Erst in den letzten 50 Jahren kam es zu geradezu explosionsartigen technischen Veränderungen und zu rapider Leistungssteigerung. In keiner Zeit zuvor wurde mehr erfunden, entwickelt, rationalisiert und automatisiert. Zu Beginn der 90er Jahre gab es gegenüber den 80er Jahren eine Vervierfachung (!) des Wissens. Wir sprechen heute von einer „Wissensexplosion". Die „Halbwertzeit" unseres Wissens beträgt heute nur noch etwa drei Jahre, das heißt, bereits nach drei Jahren ist unser heutiges Wissen zur Hälfte „überholt".

1865 schätzte man die Anzahl von wissenschaftlichen Veröffentlichungen auf 1000 Stück, 1965 auf 100 000 Stück, und heute liegt eine vage Schätzung von 15 bis 20 Millionen vor.

Einige weitere Daten:
- Jede Minute wird eine neue chemische Formel erfunden.
- Alle drei Minuten wird ein neuer physikalischer Zusammenhang entdeckt.
- Jede fünfte Minute wird eine neue medizinische Erkenntnis gewonnen.
- Alle sechs Minuten erscheint in Deutschland ein neues Buch.
- „... rund 600 000 Laborberichte, Doktorarbeiten und Fachartikel müßte ein Chemiker pro Jahr lesen, um in seinem Fach à jour zu bleiben – nicht zu schaffen. Die Folge: Der Mann wird, gemessen am insgesamt verfügbaren Chemiewissen, immer dümmer." (Der Spiegel 14/1993, S. 150).

16 Ausgebrannt und leer – eine Bestandsaufnahme

Unternehmer, Führungskräfte und deren Mitarbeiter stehen heute in zunehmendem Maße den folgenden Problemen gegenüber:
- härter umkämpfte Märkte, Verdrängungswettbewerb
- höchste Leistungsanforderungen an den einzelnen
- meist weniger zur Verfügung stehendes Personal
- zunehmende, überdurchschnittliche Qualifikationsansprüche
- höchste, oft unerreichbare Zielvorgaben
- Demotivations-Tendenzen, zum Beispiel das Phänomen der „inneren Kündigung" oder „inneren Pensionierung"
- zunehmend registrierbare Distreß-Symptome, Krankheitsbilder und Fehlzeiten
- immer weniger Zeit für Privates (trotz mehr Freizeit!)
- innere Spannungen und Grübeleien
- Gegenwarts- und Zukunftssorgen, Zweifel oder gar Ängste
- Existenzangst, Angst vor dem Verlust des Arbeitsplatzes

Wenn wir jetzt noch zusätzlich betrachten, welche Sorgen und Ängste die Menschen in bezug auf die ökologische, ökonomische und politische Entwicklung in der Welt bewegen, berechtigt oder unbegründet, so ist es nicht verwunderlich, daß wir in vielen Lebenssituationen oder gar im gesamten Leben Streß erleben.

Die *Folgen* der oben beispielhaft beschriebenen Distreß-Faktoren lassen sich folgendermaßen skizzieren:

- Schätzungsweise 80 Prozent aller Erkrankungen sind psychisch bedingt oder zumindest mitbedingt.
- Neuere Forschungen besagen, daß auch der Ausbruch von Krebskrankheiten psychosomatisch (mit-)bedingt ist. (Im Umkehrschluß sei erwähnt, wie sehr eine positive, gesunde Psyche zur Heilung einer Krankheit beiträgt!)
- Pro Tag werden in der Bundesrepublik Deutschland etwa 360 Ehen geschieden.
- Die Zahl der Suchtkranken nimmt ständig zu. Ein „Junkie" benötigt für die Beschaffung seiner Drogen ca. 100 000 Mark pro Jahr.
- Ca. 40 Prozent der Männer und 70 Prozent der Frauen scheiden in Deutschland infolge von Frühinvalidität vorzeitig aus dem Arbeitsprozeß aus und verursachen erhebliche volkswirtschaftliche Kosten.

Rechte und Pflichten Hand in Hand gehen. Sie glauben, ignorieren zu können, daß Millionen Menschen in bitterer Not leben, daß sogar in unseren reichen Ländern viele Not leiden und ohne Arbeit sind. Ein wenig Bescheidenheit täte ihnen (und uns allen) gut! Etwas schwerere Zeiten wären ein Segen für die Entwicklung des einzelnen, wie auch eines Staates. Wir haben zu lange zu gut gelebt, sind gewohnt, alles, was wir heute haben, als selbstverständlich hinzunehmen – und gar noch mehr zu fordern.

Auch hier rate ich Ihnen nicht etwa, Ihren Mitarbeitern mit Entlassung zu drohen oder ihnen jeden Tag vorzupredigen, wie gut es ihnen geht. Aber bei extrem ausgeprägter Egozentrik tut vielleicht ein Hinweis auf die Situation auf dem Arbeitsmarkt ganz gut. Das Hauptziel Ihrer Tätigkeit ist nicht, Ihre Leute zu päppeln und zu verwöhnen, ihnen die Möglichkeit zu garantieren, ihre Selbstverwirklichung leben zu können, sondern aufgestellte Ziele zu erreichen. Wenn Leute an solch einer Aufgabe, an solcher Teamarbeit nicht interessiert sind, sollten Sie nicht zögern, sie auszuwechseln.

Lassen Sie mich zusammenfassen: Wenn Sie auf Schwierigkeiten bei der Ausübung der Managementtätigkeit stoßen, kann dies verschiedene Gründe haben; es muß nicht unbedingt nur an Ihnen liegen. Es gibt eine allgemeine Misere, eine Krankheit, an der das gesamte Management leidet. Ihre Hauptursachen sind mangelnde Ausbildung und mangelnde Courage. Was man dagegen tun kann, werden Sie fragen?

1. Zunächst fragen Sie sich in aller Ehrlichkeit, wo es bei Ihnen selbst noch hapert, auf welchem der Gebiete, die zusammen die Managementfunktion ausmachen, Sie dazulernen können oder müssen – und dann tun Sie es auch! Es versteht sich beispielsweise von selbst, daß Sie Managementliteratur lesen müssen, wissen sollten, was von Mary Parker Follet, Henry Fayol, Frederick W. Taylor bis zu Peter Drucker und Henry Mintzberg geschrieben wurde, was „Management by Objectives (MBO)" bedeutet usw.

2. Dann fragen Sie sich, inwieweit die Umstände und Ihre Umgebung es Ihnen erlauben und ermöglichen, optimales Management zu praktizieren – zumindest zur Zeit. Denn natürlich dürfen Sie nichts unversucht lassen, Ihr Schärfchen dazu beizutragen, Mißstände abzustellen und Verbesserungen einzuführen. Aber bitte mit Vorsicht! Fragen Sie sich objektiv, wo die Grenzen dessen liegen, was Sie selbst erreichen oder verändern können. Prüfen Sie, ob Sie mit dem nötigen Takt etwas ändern und einige Ihrer Ideen

in die Praxis umsetzen können. Und wenn Sie glauben, den Versuch wagen zu können, dann stellen Sie sicher, daß Sie zunächst ein Beispiel geben, das klein, überschaubar, aber vor allem garantiert erfolgreich ist. Nichts ist so erfolgreich wie der Erfolg! Sieht man erst einmal „höheren Orts", daß Sie mit Ihren (zunächst kleinen) Vorschlägen sichtbaren Erfolg haben, dann wird man eher bereit sein, Ihnen mehr Freiheit für größere Experimente zu geben.

Auf jeden Fall will ich noch einmal klarstellen: Wenn es bisher hier und da noch nicht so recht geklappt hat, ist das weder ein Beweis für Ihre Untauglichkeit zum Managementberuf noch ein Hinweis, daß Sie selbst das Niveau Ihrer Inkompetenz erreicht hätten. Und es beweist auch nicht, daß in Ihrer Organisation bezüglich Management Hopfen und Malz verloren sind. Vergessen Sie nicht: Die Organisation lebt und wird weiterleben. Organisationen haben eine unglaubliche Lebens- und Überlebensfähigkeit und können ein gewisses Maß an Mißmanagement durchaus verkraften. Messen Sie deshalb den Managementfehlern oder fehlenden Managementfähigkeiten auch nicht allzuviel Bedeutung bei. Sie sind, mit wenigen Ausnahmen und wenn sie nicht auf den höchsten Ebenen gemacht werden, nicht unbedingt existenzgefährdend. Und schließlich sind die meisten Manager nur auf einigen Gebieten schwach – aber davon im nächsten Brief mehr.

Für heute nur: Kopf hoch! Es besteht kein Grund, schon jetzt die Flinte ins Korn zu werfen. Wie sagt doch Eugen Roth so schön in „Ein Mensch" von dem, der die Flinte ins Korn wirft: „... der Mensch bedarf dann mancher Finte zu finden eine neue Flinte". Oder halten Sie es lieber mit der Devise: „Wer die Flinte ins Korn wirft, braucht sie nicht an den Nagel zu hängen"?

Übrigens:

Wenn Sie sich in Ihrer eigenen Organisationen umsehen, werden Sie feststellen, daß einige Leute in leitenden Positionen als gute Manager bezeichnet werden, andere als schlechtere. Sie werden entdecken, daß es bei einigen Managern durchaus „läuft", bei anderen weniger gut, bei einigen wenigen gar nicht. Fragen Sie sich, Ihre Kollegen und die erfolgreichen Manager, warum das so ist, vergleichen Sie Managementstile und -methoden. Lassen Sie die, bei denen es nicht klappt, aus, denn sie wissen wahrscheinlich selbst nicht, woran es fehlt. Aber die, die erfolgreich sind, werden Ihnen gern sagen, was sie ihrer Ansicht nach *richtig* machen.

Fragen Sie auch Ihre Kollegen, wie sie die Managementstile und -erfolge der einzelnen Abteilungsleiter beurteilen. Aus der Vielfalt der Antworten können Sie wertvolle Erkenntnisse sammeln und vielleicht Fehler vermeiden, die bei anderen offensichtlich sind. Daß Sie alle Antworten und Ansichten mit Vorsicht genießen müssen, versteht sich von selbst; aber wenn sich mehrere Auskünfte decken, dann ist wahrscheinlich „etwas dran". Also, Augen und Ohren auf! Nichts ist so lehrreich wie Beispiele.

Schlaglichter

Management = Menschenführung	Ja
Management = Verwaltung	Nein
Ausgezeichneter Fachmann = ausgezeichneter Manager	Nein
Managementkarriere als Entwicklung vom Spezialisten zum Generalisten	Ja
Managementposition als Belohnung für gute fachliche Arbeit	Nein
Managementposition = Machtposition	Nein
Managementposition = Katalysator für Gruppenleistung	Ja
Management heißt, seinen Leuten Freiraum für Motivationsentfaltung verschaffen	Nein
Management heißt, mit seiner Gruppe Aufgaben erledigen	Ja
Manager = Führer	Nein
Führungsqualitäten zur Integration der einzelnen Managementfunktionen	Ja
Management – eine Aufgabe für begnadete Führernaturen	Nein
Management – ein erlernbares Metier	Ja
Managementmodelle als Wunderheilmittel	Nein
Managementmodelle als Anregung für die Ausarbeitung eines eigenen Modells	Ja
Management = viel Arbeit	Ja
Aber 80 Stunden pro Woche?	Nein
Ist Management eine Kunst?	Jein

Zweiter Brief:
Der Managementzyklus

> *Ein Experte ist jemand,*
> *der einige der schlimmsten Fehler,*
> *die auf seinem Fachgebiet*
> *gemacht werden können,*
> *kennt und weiß,*
> *wie man sie vermeiden kann.*
> Niels Bohr

Lieber Richard!

Es freut mich, wenn meine Überlegungen zum Peter-Prinzip Sie amüsiert haben – obwohl es im Grunde eine tieftraurige Angelegenheit ist. Es ging mir vor allem darum, Ihnen klarzumachen, daß Ihr Erfolg als Manager nicht allein von Ihnen selbst abhängt, sondern auch von Ihrer Umgebung und den Umständen, unter denen Sie und Ihre Kollegen arbeiten müssen.

Nun schreiben Sie aber, Sie finden es vor allem so frustrierend, daß Sie einzelne Tätigkeiten des Managementskreislaufs nicht gründlich genug vorbereiten und ausführen können. Also, lassen Sie uns vom Managementzyklus sprechen.

Sie erinnern sich: Mit dem Begriff „Managementzyklus" beschreibt man die gesamte Bandbreite der verschiedenen Managementtätigkeiten, die zwar nie in derselben Reihenfolge und Frequenz auftreten, mit denen aber jeder Manager früher oder später konfrontiert wird, ob er in einer Stabs- oder Linienposition, in der oberen, mittleren oder unteren Managementebene tätig ist.

Die grundlegenden Elemente der Managementtätigkeit und des Managementzyklus sind: planen, organisieren und programmieren, steuern und kontrollieren, Leistungsmaßstäbe setzen und Leistungen bewerten, delegieren, kommunizieren, motivieren, Probleme lösen, Entscheidungen treffen, Mitarbeiter einstellen, beurteilen, ausbilden lassen und führen.

Jede Einzelfunktion müßte eigentlich im Detail erarbeitet, gründlich vorbereitet und ausgeführt werden. Auf diese Gründlichkeit müssen wir jetzt allerdings etwas näher eingehen. Wenn Sie nämlich jede dieser Tätigkeiten so gründlich ausführen wollten, wie es in Lehrbüchern gefordert wird und wie es eigentlich nötig wäre, und wenn Sie darüber hinaus noch einen großen Teil Ihrer Zeit in Besprechungen, auf Reisen und mit der Ausführung jener Arbeiten verbringen, die Sie nun einmal persönlich tun müssen, dann reicht natürlich der Tag nicht aus, nicht einmal, wenn Sie die Nacht dazunehmen. Es kann niemals alles in vollem Umfang und hundertprozentig gemacht werden. Aber ist das überhaupt immer nötig?

Normalerweise fangen Sie, wenn Sie in eine Führungsposition berufen werden, nicht bei Null an. Es ist eine große Ausnahme, wenn Ihnen die Aufgabe gestellt wird, eine Abteilung oder eine Gruppe ganz neu aufzubauen, das heißt, wirklich mit Planung, Organisation, Einstellung von Mitarbeitern usw. völlig neu beginnen zu müssen – oder zu dürfen. Es wäre schön, wenn man dies des öfteren könnte, weil dann viele der „ererbten" Probleme, mit denen sich frischgebackene Manager herumschlagen müssen, vermieden werden könnten. Außerdem könnte man sich dann wahrscheinlich, losgelöst vom Alltagstrubel, ganz auf diesen Teil der Managementtätigkeit konzentrieren. Aber, wie gesagt, meistens findet man, neben einem Berg von Aufgaben, sowohl eine Organisation als auch eine Gruppe von Leuten vor und muß mit diesen Gegebenheiten fertig werden. Und das kann man auch! Man sollte ganz bewußt der Versuchung widerstehen, alles anders machen zu wollen als der Vorgänger und zu reorganisieren, was nicht unbedingt nötig ist. Wenn Sie einmal Ihre vorgefundene Organisation geprüft und was auch immer getan haben, um sie nach bestem Wissen optimal für die Ausführung der Ihnen und Ihrer Gruppe übertragenen Aufgaben auszurichten, brauchen Sie künftig nicht regelmäßig einen Teil Ihres Tagesprogramms auf diesen organisatorischen Aspekt des Managementkreislaufs zu verwenden. Sie werden natürlich hin und wieder nachprüfen, ob noch immer alles optimal läuft, aber im übrigen läuft es. Nun lassen Sie es auch laufen!

Ähnlich ist es mit dem Planen. Selbst wenn Sie ein Projekt oder Arbeitsprogramm von Grund auf planen müssen, tun Sie es einmal und nicht täglich für den Rest Ihrer Karriere. Sicher, auch hier müssen Sie immer wieder nachprüfen, ob der Plan noch stimmt, eventuell Änderungen vornehmen, unter Umständen sogar völlig neu planen. Aber Sie müssen nicht jeden Tag sämtliche Planungsphasen durchlaufen. Sie brauchen auch nicht jede einzelne Aktivität, die anfällt, mit demselben Aufwand und derselben Gründlichkeit zu planen. Der Grundplan muß sehr sorgfältig ausgearbeitet werden, und jeder Zeitaufwand ist gerechtfertigt, um hierbei akkurate Arbeit zu leisten. Es ist auch richtig, daß ein Plan, sobald er fertiggestellt ist, nicht etwa beruhigt in die Schublade gelegt werden kann, wo er verstaubt. Die Hauptarbeit liegt in der Vorbereitung. Wenn diese sorgfältig gemacht worden ist, müßten die Dinge zunächst einmal laufen. Nochmals: Lassen Sie sie auch laufen, es sei denn, neue Umstände machen eine Neuplanung nötig.

Bei den meisten Tätigkeiten, die Sie als Manager auszuführen haben, ist ein gewisses Maß an Vorarbeit geleistet worden, bevor Sie selbst beginnen. Diese Vorarbeit muß sicherlich geprüft und eventuell auch Ihrem persönlichen Stil angepaßt werden. Aber ein Teil der Arbeit ist wahrscheinlich schon getan.

Bei anderen Teilen des Managementzyklus liegen die Dinge allerdings anders. Sie stellen eine fortlaufende Aufgabe dar, die man nicht auf einen bestimmten Zeitpunkt oder Zeitraum konzentrieren und dann hoffen kann, für den Rest des Jahres nichts mehr damit zu tun zu haben. Das wäre fatal! Ich denke hierbei an Themen wie Motivation, Beurteilung, Problemanalyse, Kommunikation, Delegation – und was alles damit zusammenhängt. Aber auch hier ist es ja nicht so, daß Sie regelmäßig und jeden Tag einen Teil Ihrer Zeit auf diese Tätigkeiten verwenden müssen. Sie werden sich hin und wieder intensiv mit dem einen und dem anderen dieser Aspekte beschäftigen und dann „den Finger am Puls halten", beobachten und sicherstellen, daß alles läuft. Und zum dritten Mal: Lassen Sie den Dingen auch die Möglichkeit und die Zeit, in Gang zu kommen und dann zu laufen.

Wir haben also aus Ihrem Alltag des Managementkreislaufs schon eine ganze Menge herausnehmen können. Es bleibt immer noch genug! Nun kommt der zweite Aspekt, den ich in diesem Zusammenhang erwähnen möchte:

Nicht nur ist es rein zeitlich völlig unmöglich für einen Manager, alle Tätigkeiten mit der gleichen Intensität und dem gleichen Zeitaufwand zu betreiben, es ist auch von der Anlage und der Fähigkeit eines Managers her gar nicht möglich!

Jeder Manager, wir alle, haben unsere Stärken und Schwächen. Lassen Sie mich einen Vergleich zum Sport ziehen: in der Leichtathletik gibt es nur wenige gute Zehnkämpfer, das heißt, Leute, die in vielen Disziplinen gut sind. Dagegen gibt es aber sehr viele Sportler, die in einer oder einigen

Einzeldisziplinen ganz ausgezeichnete Leistungen vollbringen. Die allgemeine gute Kondition wird es Sportlern oft erlauben, noch weit bessere Leistungen außerhalb Ihrer Spezialdisziplin zu erreichen als einem unsportlichen Menschen, allerdings nicht auf so breiter Basis, wie ein Zehnkämpfer das könnte. Aber auch Zehnkämpfer haben ihre schwächeren und stärkeren Disziplinen.

Ähnlich ist es mit dem Management – man möge mir den etwas saloppen Vergleich verzeihen. Nicht jeder Manager kann ein guter Zehnkämpfer sein, das heißt gleich gut in allen Tätigkeiten, die im Managementzyklus beschrieben sind. Jeder hat Spezialgebiete, die ihn auszeichnen und die auch bei den Vorgesetzten besonders gefragt sein werden. Um noch einmal den Sport zu bemühen: Die allgemeine Kondition, das heißt, die Kenntnis vom Gesamtgebiet des Managements sollte aber so sein, daß man eben nicht nur Spezialist in einer Führungsposition ist, sondern von allen anderen Gebieten genügend versteht, um eine insgesamt zufriedenstellende Arbeit zu leisten.

Um das aber erreichen zu können, müssen wir neben dem vollen Ausschöpfen unserer Stärken bemüht sein, unsere Schwächen auszumerzen und zu kompensieren. Wie? Nun, indem wir an den Schwächen arbeiten und sie durch Ausbildungsmaßnahmen verringern, aber auch, indem wir uns Mitarbeiter suchen, die unsere Schwächen kompensieren können, an die wir gewisse Verantwortlichkeiten delegieren können.

Allerdings muß ich hier ein „Vorsicht" einschieben: Ich sage *nicht*, daß wir das, was uns nicht so recht Spaß macht, an andere abschieben sollen! Als Leiter einer Gruppe sind Sie gefordert, die Gruppe effizient zu führen; Ihre Vorgesetzten müssen von Ihnen erwarten können, daß Sie als Manager optimal arbeiten, das heißt, daß Sie auf allen Gebieten, die das Management ausmachen, zumindest so gut sind, daß die Gesamt-Punktzahl ausreicht, um sich zu qualifizieren. Wenn Sie aber, sei es aus Anlage oder Neigung, gewisse Schwierigkeiten haben, beispielsweise die gründliche Vorarbeit für einen wichtigen Plan zu leisten, einer Ihrer Mitarbeiter aber begeistert davon ist, oder wenn Sie sehen, daß ein anderer Mitarbeiter besonders geschickt Verhandlungen führt, zu denen Ihnen die Geduld fehlt, dann lassen Sie diese Leute an die jeweiligen Aufgaben heran – Ihretwegen und der Leute wegen! Sie gewinnen Zeit, Ihre Leute Erfahrung und Selbstvertrauen. Niemand ist perfekt – ein Team kann es sein!

Delegieren ist das Schlüsselproblem fast aller Manager! Scheuen Sie keinen Zeitaufwand, um Delegieren möglich zu machen. Lernen Sie, richtig zu delegieren – aber dann delegieren Sie auch! Ich habe mit den meisten Führungskräften, die über Ihre Überlastung klagen, wenig Mitleid. Sie glauben sicher, Streß sei ein Statussymbol. Oder, wie der Bankier Karl Otto Pöhl augenzwinkernd sagt: „Als Deutscher unter Deutschen muß man überarbeitet wirken, um ernst genommen zu werden." Wer unter einem Wust von Akten und unerledigten Dingen kaum noch hervorgucken kann, ist entweder schlampig, schlecht organisiert oder unfähig zu delegieren. Und wenn er nicht delegieren kann, dann entweder, weil er dem Wunsch nicht widerstehen kann, eine Arbeit, die ihm Spaß macht, selbst zu tun, statt sie einem Mitarbeiter zu überlassen, der sie genauso gut oder besser machen kann; oder die Angst vor möglichen Fehlern seiner Mitarbeiter hält ihn davon ab zu delegieren. Dann gehört er aber nicht auf den Führungsposten, den er innehat! Doch, so kompromißlos meine ich es!

Die Angst vor den Fehlern, die ein Mitarbeiter möglicherweise machen könnte und die einem von Vorgesetzten natürlich mit vollem Recht vorgehalten würden, ist eine der Hauptgründe für fehlende Delegation. Aber Mut ist nun einmal eine unabdingbare Eigenschaft eines guten Managers. Und wie sagt Elmar von Lukowitz, Betriebsleiter von Uniroyal, so schön: „Wer arbeitet, macht Fehler; wer viel arbeitet, macht viele Fehler; und wer keine Fehler macht, ist ein fauler Hund!" Dies ist natürlich eine sehr freie Verwendung eines Ausspruchs von Alfred Krupp: „Wer arbeitet, macht Fehler, wer viel arbeitet, macht mehr Fehler. Nur wer seine Hände in den Schoß legt, macht gar keine Fehler."

Aber zurück zum Alltag des Managementkreislaufs. Wir haben also festgestellt, daß nicht alle Tätigkeiten gleich oft ausgeübt werden müssen und daß wir in einem Team durch Delegation eigene Schwächen kompensieren und Zeit sparen können. Trotzdem bleibt unser Tag voll ausgefüllt. Und damit kommen wir zu einem wichtigen Punkt unserer Tätigkeit, der Arbeitseinteilung.

Als Manager *müssen* Sie in der Lage sein oder es lernen, Prioritäten zu setzen. Nicht alle Dinge sind gleich wichtig. Wenn es gilt, eine Tageskrise zu bewältigen, dann muß der langfristige Plan eben bis morgen warten. Sehen Sie überhaupt den ganzen Termindruck mit etwas Gelassenheit. Natürlich werden Ihre Vorgesetzten alles sofort erledigt haben wollen (Sie selbst ja am liebsten auch); aber wenigen wird es an Verständnis fehlen, wenn

Sie aus triftigen Gründen für etwas mehr Zeit plädieren. Zögern Sie nicht, auch einmal die Freizeit oder die Nachtstunden zu opfern, wenn es wirklich brennt – aber beschränken Sie diese Feuerwehreinsätze auf die wirklich dringenden Fälle, sonst sind Sie selbst bald ausgebrannt.

Und zum Schluß dieses Briefes muß ich mich noch an etwas sehr Ketzerisches heranpirschen – ich kann nur hoffen, daß Sie es richtig einzuordnen wissen:

Als Manager fangen Sie, wie ich schon sagte, meistens nicht am Punkt Null an. Sie selbst hatten mir seinerzeit geschrieben, daß die Position, die Ihnen angeboten wurde, durch das Ausscheiden eines Kollegen freigeworden war. Sie sind also in ein Nest gekommen, das zumindest fertig und in irgendeiner Form „funktionsfähig" war. Ob es Ihren Vorstellungen in allen Details entspricht, ob es optimal funktionsfähig ist, ob der Kollege aufgegeben hat, weil er es nicht verbessern konnte, weil er mit bestimmten Dingen und Umständen nicht fertig wurde – das sind alles Überlegungen, die später durchaus berechtigt sind. Aber am Anfang haben sie nicht Top-Priorität. Zunächst geht es darum, „den Laden weiterlaufen zu lassen". Sie können nicht alle nach Hause schicken, bis Sie alles neu geplant, neu geordnet und reorganisiert haben. Deswegen müssen Sie sich das, was Sie „geerbt" haben, erst einmal daraufhin anschauen, wie es bisher gelaufen ist, da es ja offensichtlich bisher gelaufen ist; und dann sorgen Sie dafür, daß es zunächst einmal weiterläuft.

Nach einiger Zeit werden Sie zu einer beunruhigenden Erkenntnis kommen: Die Organisation, in der Sie arbeiten, läuft und funktioniert, trotz der Mißstände, die Sie beschrieben haben; und sie wird weiterhin funktionieren, selbst wenn nicht alle Mißstände beseitigt werden. Organisationen, wenn sie einmal eine gewisse Größe erreicht haben, gehen nicht so schnell ein, sie haben ein ungemein zähes Leben. Halt, werden Sie sagen, und wie steht es mit den vielen Firmen, die den Konkurrenzkampf nicht bestehen können und „eingehen"? Sicher, ein Besitzer oder Aktionäre können viel Geld verlieren, aber meistens, und ab einer gewissen Größe immer, verschwindet das, was aufgebaut worden ist, nicht wieder. Es geht in irgendeiner Form weiter, es wird von einer größeren Firma übernommen, in eine andere Organisation integriert, es läuft unter anderer Flagge und anderer Regie weiter ... Das von Menschen aufgebaute System zwingt die Menschen, es am Leben zu erhalten. Und selbst bei den großen Krisen ganzer Industriezweige findet im Endeffekt eine Umschichtung statt, und es geht in irgendeiner Form weiter.

Wenn, wie ich gerne zugebe und wie es heutzutage im harten Konkurrenzkampf oft geschieht, eine Organisation oder Firma doch einmal „eingeht", dann sind die Ursachen meistens im sich so schnell verändernden Umfeld und dem zu langsamen Reagieren der Firmenspitze zu suchen. Wenn Sie also selbst einmal in der Führungsspitze sitzen, dann müssen Sie das, was ich vorhin gesagt habe, schnell wieder vergessen. Dann können Sie sich diese philosophische Gelassenheit nicht mehr gönnen und sich weder Fehler noch Mißstände erlauben. Aber Sie dürfen am Anfang Ihrer Managementkarriere auch nicht fürchten, daß, wenn Sie jetzt einen Fehler in der Behandlung eines Mitarbeiters machen oder die von Ihnen konzipierte Organisation nicht immer richtig funktioniert, Sie damit der Firma oder Organisation Schaden zufügen, der nicht wieder gutzumachen ist. Und auch wenn die „Mißstände", die Sie erkennen, nicht alle abgestellt werden, wird es weitergehen. Die perfekte Organisation und das perfekte Management gibt es nicht. Sehen Sie die Dinge etwas gelassen, seien Sie etwas tolerant mit den Anforderungen – an andere, aber auch an sich selbst.

Daß ich hiermit nicht dem „Sichdurchwursteln" das Wort rede, versteht sich hoffentlich von selbst! Ich möchte nur ein Gleichgewicht herstellen zwischen den formal richtigen, aber nicht in allen Dingen notwendigerweise gründlich, breitangelegten Vorgehensweisen und dem im Managementalltag notwendigen Pragmatismus und Improvisationsbedarf. Ich stelle auch nicht Theorie und Praxis gegenüber. Die Theorie ist richtig und die Basis für die Praxis. Wenn sie konsequent angewendet und beachtet würde, liefen die Dinge entschieden besser. Aber auch Sie sind nur ein Mensch, auch Sie können nicht alles alleine machen; nichts auf dieser Welt ist perfekt – deswegen mein Drängen, nicht alles dogmatisch zu sehen, sondern etwas Gelassenheit mit ins Spiel zu bringen. Wenn Sie alles so machen könnten, wie ich es im ersten Briefwechsel beschrieben habe, so hätten Sie vielleicht eine fast perfekte Managementwelt, aber eben nur „vielleicht" und „fast". Nach Perfektion zu streben ist löblich, aber wir müssen bereit sein, Kompromisse zu schließen, auch mit dem, was wir an Arbeit und an Verbesserungen leisten können, sonst zehrt die Frustration unsere Reserven auf und saugt uns leer.

Wenn Sie die eine oder andere Verbesserung (noch) nicht anbringen können, wird die Organisation vermutlich trotzdem nicht zugrunde gehen. Wenn es heute noch nicht klappt, dann versuchen Sie es eben morgen noch einmal. Allerdings: Geben Sie auch nicht auf! Im Moment, habe ich das Gefühl, geht es bei Ihnen um das Überleben; darum, weder in der Arbeit noch in der

Frustration unterzugehen, die Sie zu haben scheinen, weil Sie nicht alle Dinge in der optimalen Form ausführen können.

Nur Mut! Wir werden uns die einzelnen Managementfunktionen nochmals im Detail ansehen und versuchen, bei jeder einzelnen die für Sie gültigen Prioritäten herauszufinden. Und wenn wir das getan haben, ist wahrscheinlich der Inhalt dieses Briefes bestätigt.

Übrigens:

Sie können nicht alles alleine machen, und Sie brauchen Hilfe, vor allem Hintergrund-Informationen. Suchen Sie sich also Hilfe, und zwar bei jemandem, der schon lange bei der Firma oder Organisation arbeitet, bei einem „alten Hasen" gewissermaßen. Der mag zwar gewisse Vorurteile und „schlechte Gewohnheiten" haben, aber ohne Zweifel kann er, wenn er will und Vertrauen zu Ihnen hat, viel Hintergrundwissen vermitteln und Ihnen erklären, warum gewisse Dinge so laufen und nicht anders. Er kann Ihnen sicherlich helfen, die Fettnäpfchen zu vermeiden, in die Neulinge so gern (und oft mit traumwandlerischer Sicherheit) tappen.

Eine sehr gute Hilfe kann eine altgediente Sekretärin sein. Wenn Sie besonderes Glück haben, ist Ihre eigene Sekretärin solch eine Perle. Wenn das der Fall ist, kann ich Ihnen nur raten: Tun Sie alles, um sich diese wertvolle Kraft zu erhalten. In Amerika sagt man: „Eine Sekretärin kann einen Manager machen oder kaputtmachen" („A secretary can make or brake a manager"). An Universitäten gibt es die schöne Bezeichnung „Frau Dekan", die andeuten soll, daß Dekane kommen und gehen, die Sekretärin aber oft bleibt und die Kontinuität wahrt. Jeder neue Dekan wird gut daran tun, sich auf die gesammelte Erfahrung der Sekretärin zu stützen und nicht automatisch einen Wechsel vorzunehmen.

Also, bauen Sie Koalitionen auf – und unterschätzen Sie nicht den Wert der Altgedienten!

Schlaglichter

Einmalige gründliche Vorbereitung jeder Funktion	Ja
Tägliches gründliches Durcharbeiten jeder Funktion	Nein
Sorgfältige Vorbereitung des Grundplanes	Ja
Vor lauter Planen nicht zur Ausführung kommen	Nein
Durchdachter Aufbau der Organisationsstruktur	Ja
Dauernd reorganisieren	Nein
Beurteilung als lästige, jährliche Pflichtübung	Nein
Fortlaufende Beurteilung als Beitrag zur Förderung der Mitarbeiter	Ja
Delegieren als Abschieben von Verantwortung	Nein
Delegieren zur Entlastung und als Beitrag zur Förderung der Mitarbeiter	Ja
Kommunikation = Senden von Information	Nein
Kommunikation = Austausch von Information	Ja
Motivation = Schaffung eines Klimas, in dem sich Motivation entfalten kann	Ja
Motivation = psychologische Tiefenbohrungen	Nein
Problemanalyse als Feststellung und Beseitigung einer Abweichung vom Normalen	Ja
Problemanalyse als Rühren im Verallgemeinerungsbrei	Nein
Entscheidungen vorbereiten, analysieren und zum optimalen Entschluß führen	Ja
Entscheidungen grundsätzlich verzögern oder vermeiden	Nein
Manager müssen gute „Zehnkämpfer" sein?	Jein

Dritter Brief:
Unternehmensstrategie – Planung

Wenn Du nicht weißt,
wo Du hinwillst,
wird Dich jeder Weg
dorthin führen.
Sprichwort der Sioux

Lieber Richard!

Lassen Sie mich am Anfang dieses Briefes Professor F. Steinbacher zitieren, der in einem Exkurs über „Unternehmensziele, die über das Gewinnstreben hinausgehen" sagt: „Vom rein volks- und betriebswirtschaftlichen Gesichtspunkt aus gesehen ist es evident, daß die Unternehmensziele vor allem in der Gewinnmaximierung und in der Eroberung immer größerer Marktanteile liegen. Unter einem gesamtgesellschaftlichen Aspekt gesehen erscheint diese Zielsetzung allerdings allzu vordergründig und daher irgendwie auch kurzsichtig zu sein – und dies nicht nur im Hinblick auf die ‚societas perfecta', sondern auch im Hinblick auf die langfristige Zukunftschance der einzelnen Wirtschaftsunternehmung selbst." Und er zitiert dann H. Nordhoff, den langjährigen Generaldirektor des Volkswagenwerkes, der diesbezüglich meint: „Aus dem Bekenntnis zu einem besonderen und nicht allgemein üblichen unternehmerischen Ziel und Standpunkt ist ... eine personalpolitische Aufgabe ersten Ranges abzuleiten, die Aufgabe nämlich, daß die Führungskräfte des Unternehmens zu gesamtwirtschaflichem Verhalten erzogen werden – eine ... sehr glatt wirkende Formulierung für eine eminent wichtige, komplizierte und schwierige Aufgabe ... Es ist die klassische Aufgabe der Führerpersönlichkeit, für die es a priori kein Schema und keine Verhaltensregeln gibt."

Und nochmals F. Steinbacher: „Die schicksalhaften Verknüpfungen sozialer Teilbereiche mit übergeordneten Sozialprozessen sind heute selbst von nichtkompetenter Seite her nur noch schwerlich zu verkennen. Wirtschaftsunternehmungen sind Knotenpunkte kultursozialer Prozesse: In ihnen vollzieht sich – teilweise in Miniaturform, teilweise aber auch in hochkonzentrierter Überbetonung –, was gesamtgesellschaftlich angelegt ist."

Wir hatten schon festgestellt, daß die Festlegung von Unternehmenszielen von ethisch-moralischen Grundsätzen bestimmt sein sollte, daß es dabei um die Erarbeitung einer Firmenphilosophie ginge. In der Praxis werden heutzutage aber vielen Firmen bestimmte Strategien, gewisse Grundsätze für ihr Vorgehen durch Gesetzgeber und Interessengruppen aufgezwungen. Sie entstehen also nicht aus einer Grundüberzeugung, sondern werden, oft widerstrebend, als etwas Unvermeidliches akzeptiert.

Wenn dies aber der Fall ist, könnte man sie genausogut vergessen! Sie werden zu nichts führen, und sie werden ganz sicher nicht das Klima des Betriebes bestimmen. Bestenfalls werden sie verhindern können, daß eine Firma bei der Verfolgung ihrer Geschäftsinteressen gar zu unverfroren über die Grenzen des Anstandes oder der Gesetze hinausschießt, vorausgesetzt es ist jemand da, der die Überschreitungen beanstandet.

Viele in einer Firmenstrategie, Unternehmensphilosophie und Personalpolitik ausdrücklich erwähnten Prinzipien, die die Tätigkeit des Unternehmens und seines Personals bestimmen sollten, bleiben papierene Absichtserklärungen ohne jegliche Wirkung, weil sie nicht aus dem Herzen, sondern meistens nur aus dem Kopf – manchmal sogar nur aus dem Mund kommen. Im Grunde denkt die Leitung gar nicht daran, sich durch solche Erklärungen im „business as usual" stören zu lassen. Es wird einer lästigen Pflicht Genüge getan. Im Grunde betrachtet man das alles aber als „hehres Geschwätz", das mit dem Alltag des harten Konkurrenzkampfs nichts oder nur wenig zu tun hat.

Und deswegen bleibt es auch hehres Geschwätz; es bleibt bei Absichtserklärungen, es kommt nie zur Umsetzung; und „the vision thing" bleibt nicht eigentlich eine Vision, sondern ein undeutliches, verschwommenes Bild, vielleicht auch ein dumpfes Gefühl des Unbehagens, daß man vielleicht doch etwas tun müßte, aber …

Dabei *müßte* jede Firma und Organisation ein „Credo" haben, müßte aussprechen und schriftlich festhalten, was sie als ihre „raison d'être" ansieht, wie sie ihre Geschäfte ausführen will und von welchen moralischen und nicht nur materiellen Grundsätzen sie sich dabei leiten lassen will. Ohne eine solche bindende Leitidee ist sie im Grunde nur ein vergrößerter Marktstand, dessen Hauptanliegen es ist, sein Gemüse so schnell wie möglich zu verkaufen, gegen Abend – wenn es denn sein muß – zu Schleuderpreisen, weil der Kram sonst schlecht wird und die Konservierungskosten zu hoch sind.

Wenn die Firmenspitze nicht selbst überzeugt und von der Notwendigkeit einer solchen Erklärung durchdrungen ist und sie inhaltlich nicht mitträgt, wird sie auch nicht auf die Umsetzung drängen. Und jede Firmenpolitik, die als Dokument abgeheftet verstaubt, ist nicht das Papier wert, auf dem sie steht.

Aus den Absichtserklärungen müssen Aktionen entstehen – und zwar auf allen Ebenen. Jeder, absolut jeder einzelne, hat sich daran zu halten – und das Management hat die Ausführung zu kontrollieren, hat sich zu vergewissern, daß die Grundsätze und Ziele erkannt, verstanden und akzeptiert werden und daß jeder bereit ist, mitzumachen. Und wer es nicht ist, der hat aus der Firma zu verschwinden.

„Schon wieder diese großen Töne!" werden Sie sagen. Aber es geht nun einmal nicht anders. Es ist ein „entweder – oder". Viele Probleme mit der Firmenpolitik entstehen gerade, weil nicht konsequent genug das „entweder – oder" gefordert wird, daß zu viel herumgeredet wird, zu viele Möglichkeiten offen bleiben für lasche Kompromisse, daß zu viele „ja, aber" erlaubt bleiben.

Wenn jemand mit den schriftlich formulierten Zielen und Strategien seiner Firma oder Organisation nicht einverstanden ist, was bleibt denn für eine Alternative, als eine andere Arbeitsstelle zu suchen? Und wenn er keine andere Arbeit findet und bei der ersten Firma bleiben muß, dann muß er dies zwar akzeptieren, aber dann auch ehrlich genug sein zuzugeben, daß er sich prostituiert; aus Not, sicher – aber die meiste Prostitution entspringt der Not. Er kann dann nicht ein (vielleicht sogar sehr gutes) Gehalt annehmen und gleichzeitig über die Firma, ihre Arbeitsweise und ihre Personalpolitik herziehen. Auch dies sind moralische Grundsätze – und Moral kann nicht nur von der Firma gefordert werden, sie gilt für beide Partner im Arbeitsverhältnis in gleichermaßen bindender Form.

Nun ist ohne Zweifel auch wahr, daß viele Firmen völlig solide und „normal" arbeiten, es zum Teil über Generationen hinweg getan haben, ohne je auf den Gedanken gekommen zu sein, schriftlich festzulegen, von welchen moralischen Grundsätzen sie sich leiten ließen und lassen. Aber vielleicht kommt dies daher, daß die moralischen Grundsätze früher etwas selbstverständlicher waren als in unserer Erfolgs- und Konsumgesellschaft. Diese Firmen haben stillschweigend einen Ruf aufgebaut, solche Grundsätze zu *leben*, und es ist daher in der Tat nicht nötig, sie schriftlich zu formulieren, als seien sie etwas ganz Neues.

Ich trauere hiermit nicht etwa der „guten, alten Zeit" nach – die hat nie wirklich existiert. Es hat immer Unternehmer, Kaufleute, Verkäufer und Vertreter gegeben, die ihre Kunden übers Ohr gehauen haben. Aber früher war sich ein Großteil der Unternehmer seiner Verpflichtung zu korrektem Geschäftsgebaren bewußt. Und die Welt der Wirtschaft war überschaubarer. Genauso arbeiten auch heute viele Firmen in der alten Tradition, folgen moralischen Leitlinien, ob sie nun schriftlich festgehalten sind oder nicht, und sorgen vorbildlich für ihre Angestellten und Arbeiter.

Es ist auch ohne Zweifel zutreffend, daß Erkenntnisse, die wir heute gewonnen haben, beispielsweise über Umweltschutz, früheren Generationen, auch Generationen von Unternehmern, nicht oder nicht so deutlich bewußt waren. Damit blieben frühere Unternehmensgenerationen auch von den finanziellen Konsequenzen des Umweltschutzes und der Verpflichtung zur Beseitigung von Umweltschäden verschont. Ich halte es durchaus für legitim, daß heutige Unternehmen die finanziellen Folgen von Maßnahmen zum Umweltschutz sorgfältig prüfen und vor allem keine übereilten Maßnahmen ergreifen. Und ich kann mir sehr gut vorstellen, daß Firmen in große Schwierigkeiten geraten, wenn durch Umweltschutzmaßnahmen beispielsweise der Gewinn schrumpft und Aktionäre, die durchaus nicht das Umweltbewußtsein der Firmenleitung teilen, sich weigern, Mittel zur Verfügung zu stellen, um kostspieligen Umweltschutz zu betreiben.

Dies sind alles Schwierigkeiten, sicher, aber – um beim Umweltschutz zu bleiben – weiß Gott keine Rechtfertigung mehr, sich gegen bestimmte Maßnahmen zu stemmen, deren Notwendigkeit inzwischen sehr klar ist. Industrie, Wirtschaft und Politiker hätten viel mehr tun können, um einige der verheerenden Folgen der Industrialisierung zu verhindern oder zu vermindern.

Aber da taucht ein eigenartiges Phänomen auf und schlägt der Vernunft ein Schnippchen: die Macht. Und politisches und unternehmerisches Machtstreben vernebelt die Hirne der Verantwortlichen. Wie zeigt sich in der Industrie aber am besten Macht, und wie kann man sie demonstrieren? Durch Größe. Also werden moralische Gründe, aber selbst vernünftiges unternehmerisches Denken rücksichtslos beiseite geschoben, wenn es darum geht, die Macht zu vergrößern – das Augenmerk vieler Industriebosse richtet sich primär auf Vergrößerung, und zwar nicht durch normales, gesundes Wachstum des eigenen Betriebes, sondern durch die Übernahme anderer, oft branchenfremder Firmen, mit dem fadenscheinigen Grund, man müsse „diversifizieren".

Was danach mit dem zu groß gewordenen und nicht zu integrierenden Firmen-Mischmasch passiert, interessiert die Herren in den Chefetagen nur am Rande – und leider die Aufsichtsräte ebenso. Schließlich operieren diese Leute allesamt mit fremden Geld, ohne Eigenrisiko. Wenn es schiefgeht, eine große Firma pleite macht und oft mit Staatsgeldern saniert werden muß, um Arbeitsplätze zu erhalten, dann ist es nie die Schuld der Spitzenmanager – es sind „die Umstände", die zu dem Ergebnis geführt haben. Die institutionalisierte Inkompetenz hat wieder einmal zugeschlagen!

Und ein zweites institutionalisiertes Übel kommt hinzu: die Korruption. Bei vielen der Skandale, von denen in Presse und Fernsehen berichtet wird, kann man deutlich den Weg erkennen, den ein anfangs rechtschaffener Manager zurückgelegt hat und an dessen Ende eine Korruptionsaffäre stand. Oft hat sich ein solcher Manager gar nicht selbst bereichert, zumindest anfangs nicht. Die von der Leitung vorgegebenen Ziele, der Zwang zum Erfolg, führte fast genauso „zwangsläufig" zur Anwendung „unkonventioneller" Taktiken oder zur Akzeptanz von Praktiken, die jenseits der Legalität liegen, ohne die aber ein Geschäft oft nicht abgewickelt werden kann. Was also zunächst im Interesse der Firma geschehen mag, birgt bald die Versuchung in sich, auf ähnliche Art das eigene Einkommen etwas aufzubessern, vor allem dann, wenn man an der Firmenspitze eine ähnliche Mentalität oder gar lebendige Beispiele findet.

Ich bin weiß Gott kein Moralprediger – aber gerade am Anfang Ihres Weges im Management sollten Sie sich ganz klar vor Augen führen, daß früher oder später auch Sie vor einer moralischen Entscheidung stehen werden und sich fragen müssen: „Kann ich das noch mit ruhigem Gewissen tun?" Und glauben Sie ja nicht, es sei doch eine ganz einfache Frage und die Antwort sei ebenso einfach! Wenn es um die großen Geschäfte geht, glauben viele Manager, sie müßten einfach im Interesse der Firma „Fünf gerade sein lassen", Schmiergelder zahlen, Genehmigungen für Exporte oder andere Papiere etwas „verbessern", Bilanzen „frisieren" und wie dergleichen Termini noch heißen, die dann gebraucht werden.

Meistens steht ein Manager nicht urplötzlich vor solch einer Entscheidung; vor jeder größeren Korruptionsaffäre liegen meistens kleinere. Man kann häufig einen Weg zurückverfolgen, der irgendwann einmal mit einer „Kleinigkeit" begann. Vor dieser „Kleinigkeit" sollten Sie sich hüten! Der Mensch ist ein Gewohnheitstier – und an nichts gewöhnt er sich so schnell wie an Erfolg. Ist es erst einmal gutgegangen (und dann vielleicht sogar ein zweites und drittes Mal), dann hat man den Rubikon der Moral endgültig überschritten, dann gibt es kein Zurück mehr!

Ich maße mir nicht etwa an zu urteilen oder auch nur zu wissen, wo der Weg anfängt. Ist es der erste Schritt, wenn man auf Firmenkosten privat telefoniert oder Briefpapier mit nach Hause nimmt, ist es ein Werbegeschenk eines Kunden oder Lieferanten? Das muß jeder selbst entscheiden! Ich will Ihnen nur eindringlich sagen, daß es wahnsinnig schwer ist, sich im heutigen Geschäftsleben eine reine Weste zu erhalten. Und ich wende mich auch hauptsächlich gegen die „institutionalisierte" Korruption, der sich ein junger, aufstrebender Manager kaum entziehen kann, will er nicht seine Karriere gefährden oder sich von seinen Vorgesetzten als hoffnungslos blauäugig beiseitegeschoben sehen.

Zurück zum Thema Unternehmensstrategie:

Was tun, wenn die Firma keine Firmenziele, Strategien, Philosophien, keine Personalpolitik schriftlich festgelegt hat? Nun, dann muß es eben ohne gehen. Doch, doch, so ist es! Es wäre zwar besser, wenn eine Firmenleitung, überzeugt von der Notwendigkeit und dem Wert einer solchen Maßnahme, die Firmenphilosophie niederschriebe; aber wenn sie das nicht tut, dann bedeutet das weder, daß sie die Absicht hat „krumme Dinger zu drehen" noch daß sie in Kürze pleite sein wird. Der beste Beweis ist doch, daß viele Firmen ohne Firmenpolitik schon so lange existieren und immer noch durchaus lebensfähig zu sein scheinen.

Ich muß zugeben, daß ich diesen letzten Absatz mit einer gewissen Beklemmung niedergeschrieben habe; denn das typische Argument derer, die sich gegen jede Veränderung stemmen, ist ja: „Es ist schon immer so gegangen, warum sollen wir es ändern?" Oder: „Wir sind bisher ohne diesen Krimskrams ausgekommen, laßt uns damit in Frieden." Und es ist ja sogar etwas dran, an diesen Argumenten! Um vieles wird zu viel Trara gemacht; jeder neue Modetrend wird mit viel Lärm angekündigt und muß mitgemacht werden, sonst gerät man in den Ruf, reaktionär zu sein. Und wenn ein Modetrend verweht ist, kommt garantiert der nächste. Unter dem Verkaufsrummel erstickt der oft richtige und wichtige Kern.

Es ist auch richtig, daß es um vieles leichter ist, in den Pioniertagen, in der Aufbauzeit einer Unternehmung, mit Zielen, einer Philosophie, einer Vision zu arbeiten, eine eingeschworene Mannschaft um sich zu scharen, manchmal gegen unüberwindlich erscheinende Widerstände aus dem Nichts etwas aufzubauen, schöpferisch tätig zu sein. Wenn nach Jahren alles läuft, die Routine einsetzt, die Bürokratie den Tagesablauf in den Krallen hält, dann noch denselben „Glauben" an die Werte der Gründerzeit aufrechtzuerhalten, dieselbe Einsatzbereitschaft, den Elan, Teamgeist zu fordern – das ist nicht leicht! Und die meisten Firmen, in die junge Leute hineinkommen, sind etablierte Unternehmen.

Aber der Umstand, daß man in einem etablierten Unternehmen arbeitet, macht die Forderung nach der Festlegung der Richtlinien des Handelns ja nicht ungültig – im Gegenteil. Gerade in der Phase der Konsolidierung, des ruhigeren Segelns nach den stürmischen Anfangsmanövern (wenn es denn solch ruhige Phasen tatsächlich geben sollte), sind neue Zielsetzungen, aber auch Regeln für die Fahrt und für die Moral der Mannschaft nötig. Sicher, es gehört Disziplin dazu, sich zu einer bestimmten Einstellung durchzuringen und zu bekennen – und dabei zu bleiben. Aber auch Disziplin ist eine Eigenschaft, die zum Rüstzeug eines guten Managers gehört.

Wie gesagt, wenn keine Firmenpolitik bestehen sollte, nicht gleich aufgeben! Sollten Sie sich mit dieser Thematik einmal beschäftigt haben und glauben, es wagen zu können – warum setzen Sie sich dann nicht an Ihren Schreibtisch und formulieren einige Grundsätze, die Sie selbst als Firmenpolitik, Strategie oder Personalpolitik akzeptieren könnten? Es ist eine interessante intellektuelle Übung – und wer weiß, vielleicht ergibt sich die Gelegenheit, einmal mit Ihrem Chef oder einem Direktor über „die große Linie" zu plaudern, anzudeuten, warum so etwas wichtig und nützlich sein könnte, und zu testen, wie die eine oder andere These, die Sie entworfen haben, ankommt.

Nur: Werden Sie nicht zum Eiferer! So etwas muß behutsam angegangen werden, braucht oft eine lange Zeit zum Reifen. Ein zu hastiges Vorgehen schadet nur – der Boden in der gesamten Firma (nicht nur bei Ihrem Chef oder dem einen Direktor) muß vorbereitet werden, ehe man mit Aussicht auf Erfolg solch ein Pflänzchen setzen kann.

Wenn Sie allerdings zu spüren glauben, daß der Geist des Unternehmens, in dem Sie arbeiten, nicht dem entspricht, was Sie als moralische Grundlage Ihres beruflichen Einsatzes erwarten und fordern, und wenn Sie ferner glauben, daß sich dies nicht ändern dürfte, nun, ich glaube, dann müssen

Sie sich eine andere Firma suchen! Vielleicht ist das nicht leicht, vielleicht dauert es länger, als Ihnen lieb ist, vielleicht fordert es Opfer. Aber Moral fordert oft persönliche Opfer, ist immer unbequem, es lebt sich leichter ohne sie – meistens auch besser. Aber wenn Sie tatsächlich an die Notwendigkeit von moralischen Prinzipien glauben, dann würde ein Kompromiß zu dieser Zeit nur zur Quelle eines langsam tröpfelnden Giftes, das Ihnen mit der Zeit Ihr Selbstbewußtsein und den Glauben an Ihren eigenen Wert zerfrißt. Davor kann ich Sie nicht nachdrücklich genug warnen!

Ich habe Unternehmensstrategie und Planung in diesem Brief zusammengefaßt, denn es sind zwei Themen, die zusammengehören. Die Unternehmensstrategie, die große Linie, ist die Basis für die Detailplanung; sie beeinflußt Ihre Planung (oder sollte es zumindest tun), denn Ihre Pläne müssen in das Gesamtkonzept hineinpassen, nach dem die Firma arbeitet. Darum noch einige Worte zum Planen:

Ich bleibe dabei, daß Systematik und Gründlichkeit eine Vorbedingung für einen guten Plan sind, ob es sich um die strategische Planung der Firmenleitung („die richtigen Dinge zu tun" – Effektivität), oder um die operationelle Planung auf mittlerer und unterer Managementebene („diese Dinge richtig zu tun" – Effizienz) handelt. Wenn wir beim besprochenen „Dreivierteltakt" als Grundlage jeden Planes bleiben:

1. wo sind wir,
2. wo wollen wir hin,
3. wie kommen wir dahin,

dann bleibe ich ebenfalls dabei, daß der erste Schritt, die Situationsanalyse, der wichtigste ist, der allerdings auch am meisten vernachlässigt wird.

Auch hier gilt: Die Grundsätze für erfolgreiches Planen stimmen durchaus, sie sind nicht etwa blanke Theorie, die in der Praxis „unpraktisch" wird. Es ist mehr eine Frage, wann eine formelle und gründliche Planung wirklich notwendig ist. Sicherlich können wir nicht für jede anstehende, tägliche Arbeit durch den formellen Planungsprozeß gehen – aber das ist ja auch gar nicht nötig. Nur, behalten Sie die drei Grundfragen der Planung, den Dreivierteltakt, im Kopf. Gehen Sie die drei Fragen durch, auch wenn Sie nur mental planen, machen Sie sich vor allem bewußt klar, ob Sie die erste Frage (Wo sind wir?) beantworten können.

Von welcher Basis gehen Sie aus? Wie sind Sie zum gegenwärtigen Punkt gekommen? Wie kann die bisherige Entwicklung, das ‚was gestern geschehen ist, Einfluß auf das Heute und Morgen haben? Kennen Sie Ihre heutige Position genau, das heißt Ihre Stärken und Schwächen, Ihre Konkurrenz usw.?

Eine Situationsanalyse, selbst wenn sie nur kurz und gedanklich durchgeführt wurde – ja selbst, wenn Sie sich nur die Frage: „Wo bin ich heute?" als Planungsbasis bewußt ins Gedächtnis rufen –, wird ganz sicher helfen, vernünftige Ziele aufzustellen und den Weg festzulegen, wie diese Ziele erreicht werden sollen.

Wenn Sie allerdings ein Projekt durchziehen müssen, das sich über einen längeren Zeitraum hinzieht, werden Sie um die formelle Planung nicht herumkommen. Aber die dafür investierte Zeit wird sich immer lohnen. Daß diese Planung übrigens mit einem Kontrollmechanismus gekoppelt sein muß, wissen Sie – er sollte von vornherein in Ihren Plan eingebaut werden.

Rufen Sie sich immer wieder ins Bewußtsein, daß wir eigentlich dauernd planen; jede kleinste Tätigkeit, jede Bewegung, hat einen Grund, ein Ziel, geht von einem bestehenden Zustand aus und wird in einer bestimmten Form ausgeführt, um ein Ziel zu erreichen. Ihre tägliche Arbeit schließt einen oder mehrere Planungsprozesse ein, selbst wenn Sie nur sagen: „Ich muß heute dies oder jenes erledigen." Denn Sie können „diese oder jene" Arbeit wahrscheinlich gar nicht erledigen, ohne sich vorher klarzumachen, wo Sie in dieser oder jener Angelegenheit stehen, wie es dazu gekommen ist, wieweit Sie schon damit gekommen sind und was Sie mit Ihrer Tätigkeit erreichen wollen.

Es ist eine Frage des gesunden Menschenverstandes, den man bei einem Manager voraussetzen sollte, zu entscheiden, wieviel Formalismus in der Planung von Fall zu Fall notwendig ist. Widerstehen Sie aber konsequent der Versuchung, sich um das Planen herumzudrücken. „Ich habe keine Zeit." „Es lohnt sich für dies kleine Projekt nicht." „Wir haben schon immer so gearbeitet." „Bei den raschen Veränderungen auf unserem Markt ist eine langfristige Planung gar nicht möglich." Es gibt tausend Gründe, die sorgfältige Vorarbeit zu lassen, aber meiner Ansicht nach wenig stichhaltige.

Und was immer von Ihnen unternommen, das heißt geplant wird, versichern Sie sich, daß Ihr Plan von Ihren Mitarbeitern verstanden und akzeptiert worden ist – sie haben letzten Endes die Arbeit zu leisten.

Natürlich gibt es auch in der Frage der Planung die berühmten zwei Möglichkeiten: Entweder Sie tun es, oder Sie lassen es. Wenn Sie es tun, verlieren Sie Zeit; Ihr mit großer Akribie ausgearbeiteter Plan ist unter Umständen nach kurzer Zeit Makulatur, die organisationelle Inflexibilität macht eine formelle Planung gar nicht möglich ... Oder Sie lassen es von vornherein. Nun, dann geht es nämlich auch! Dann wird eben in Gottes Namen etwas mehr Krisenmanagement betrieben, hier und da ein bereits vorher gemachter Fehler wiederholt, die Kontrolle etwas improvisiert...

Ich sage das nicht etwa sarkastisch! Ich sage in vollem Ernst: „Dann geht es eben ohne Planung" – zumindest für eine Weile. Wenn ich für systematische Planung und Gründlichkeit plädiere, dann ja nur, weil dies die Arbeit verbessern würde, nicht weil die Arbeit sonst nicht zu machen wäre. Entscheiden Sie, wo und wann gründliche Planung angebracht ist, versuchen Sie durchaus, Planungsdenken in Ihrer Gruppe, eventuell sogar in der Abteilung oder der Firma einzuführen. Machen Sie aber nicht Ihre Kollegen, und schon gar nicht Ihre Vorgesetzten mit ständigen Mahnungen oder Vorschlägen für gründliche Planung verrückt. Man wird Sie nach kurzer Zeit als Planungsfetischisten abstempeln und Ihnen jegliche Planungsarbeit schwermachen, und zwar für alle Zeiten.

Wenn Sie eine Managementkarriere in Ihrer jetzigen oder einer anderen Firma anstreben – und ich hoffe, daß Sie diese Pläne noch nicht ganz aufgegeben haben –, dann kommen Sie ganz sicher einmal in Positionen und Situationen, in denen systematisches Planen unumgänglich wird. Dafür sollten Sie gerüstet sein – und im übrigen jetzt soviel auf diesem Gebiet tun, wie möglich und vertretbar ist.

Zusammenfassend: Wenn weder schriftliche Firmenziele, Strategien oder Personalpolitik festgelegt sind, noch systematische, gründliche Planung praktiziert wird, dann ist dies immer noch kein Grund, eine interessante Arbeit aufzugeben. Bringen Sie Verbesserungen an, soweit dies geht, das Beispiel kann auf längere Sicht wirken. Und nur, wenn Sie die Gegebenheiten als unzumutbar und mit Ihrem Berufsverständnis nicht in Einklang zu bringen ansehen, ziehen Sie die Konsequenzen – dann zögern Sie allerdings auch nicht!

Viel Glück auch bei Ihrer persönlichen Situationsanalyse!

Übrigens:

Vielleicht könnten Sie einmal versuchen, die schriftlich formulierten Firmenziele oder die Personalpolitik eines Konkurrenzunternehmens, das Sie sicher finden können, kritisch, aber objektiv zu beurteilen. Fragen Sie dann Ihren Chef oder sogar den Direktor, was er davon hält. Manchmal kann das ein guter „Eisbrecher" sein, der es Ihnen ermöglicht, Ihre eigenen Ideen für eine ähnliche Politik zu formulieren; und dies wiederum kann der Anfang einer positiven Entwicklung sein, an deren Ende die Firma ihre Firmenpolitik schriftlich niederlegt. Aber, wie ich schon sagte: Werden Sie nicht zum Eiferer! Wenn man Ihnen zu verstehen gibt, Sie sollten sich gefälligst um Ihren eigenen Kram kümmern, dann tun Sie 's auch – zunächst.

Schlaglichter

Ethisch-moralische Prinzipien als Grundlage für die Unternehmenspolitik	Ja
Verantwortungsbewußtsein durch Regierung diktiert	Nein
Management-Darwinismus	Nein
Konkurrenzkampf, fair geführt	Ja
Unternehmens- und Personalpolitik als PR-Übung	Nein
Unternehmens- und Personalpolitik als Rahmen für sinnvolle Tätigkeit der Mitarbeiter	Ja
Unternehmensstrategie als Vision	Ja
Papierene Absichtserklärungen ohne Umsetzung	Nein
Unternehmensziele zur Erhöhung von Gewinn, Wachstum und Stabilität	Ja
… um jeden Preis	Nein
Fortschritt um jeden Preis	Nein
Grenzen des Wachstums	Ja
Firmenzusammenschlüsse zur Erhöhung der Macht	Nein
Firmenfusionen zur Rationalisierung und gesunden Diversifizierung	Ja

Institutionalisierte Korruption	Nein
Persönliche Konsequenzen ziehen	Ja
Firmen ohne schriftliche Firmenphilosophie unakzeptabel?	Jein
Planen systematisch angegangen	Ja
Planungsfetischismus	Nein
Planung flexibel gehandhabt	Ja
„Planwirtschaft"	Nein
Situationsanalysen von Markt, Stärken und Schwächen	Ja
Optimismus als Grundlage für energisches Planen	Nein
Strategische Planung, um Kontinuität zu sichern	Ja
Strategische Planung auf nebulöse, unquantifizierte Ziele	Nein
Operative Planung zur Maximierung der Effektivität	Ja
Planung ohne Kontrolle	Nein
Durchwursteln statt planen	Nein
Wegen Zeitdruck, Geldknappheit, Unsicherheit „und sowieso" gar nicht planen	Nein
Es geht auch ohne Planung	Ja
Aber besser?	Nein
Krisenmanagement statt Planung	Nein
Immer alles gründlich planen?	Jein

Vierter Brief:
Organisation – Delegation

> *Wenn eine genügende Anzahl*
> *von Managementebenen aufeinander*
> *geschichtet wird, dann ist gesichert,*
> *daß Desaster nicht dem Zufall*
> *überlassen werden.*
> N. R. Augustine

Lieber Richard!

Auf meine Bemerkung, wie wichtig eine Sekretärin sein kann, hatten Sie gesagt, daß Ihre „eigentlich" eine Perle sei, daß sie aber in der letzten Zeit permanent zerstreut, verschlossen, weniger hilfsbereit als früher sei. Ist es „nur" Liebeskummer, oder gefällt ihr etwas an der Arbeit, der Abteilung oder Ihrem Führungsstil nicht? Gehen Sie der Sache auf den Grund! Eine gute Sekretärin ist für Sie lebensnotwendig! Arbeit kann in solchen Situationen helfen. Beobachten Sie, wie sie auf erhöhte Anforderung reagiert, geben Sie ihr vielleicht ein kleines Projekt zur selbständigen Bearbeitung – seien Sie aber auch bereit zu akzeptieren, daß sie nicht in der alten Form „anbeißt". Sprechen Sie mit ihr! Tun Sie alles, um sich diese Perle zu erhalten!

Dies paßt eigentlich gut zum Thema Organisation und Delegation. Lassen Sie uns kurz wiederholen: Eine Organisation schaffen bedeutet, Einzelteile zu einem Ganzen mit einheitlichen, logischen Beziehungen zusammenzufügen; und organisieren als Managementfunktion heißt festzulegen, was zu tun ist, wer es zu tun hat, wer an wen berichtet und wo Entscheidungen gefällt werden. Das klingt gut, logisch, „es macht Sinn", wie man es im Management-Neudeutsch manchmal hört. Warum klappt so etwas oft nicht?

Es ist wieder einmal nicht das Prinzip, das falsch ist. Sie müssen als Manager organisieren, sonst können Sie Ihre Arbeit als Führungskraft nicht leisten. Und wenn Sie im Sinne der obigen Definition organisieren, dann bedeutet das nichts weiter, als daß Sie die zur Verfügung stehenden Ressourcen in der besten Weise koordinieren, Aufgaben und Verantwortlichkeiten verteilen, Strukturen und Kommunikationskanäle erstellen, um effizient(er) arbeiten zu können. Das Endprodukt der Managementtätigkeit „Organisieren" ist die „Organisation", die ihren Ausdruck im Organigramm, dem Organisationsschema findet. Und die Schwierigkeit liegt nicht im Organisieren, sondern im Endprodukt, in der Organisation.

Denn schon in dem Wort „Endprodukt" ist eine gewisse Finalität enthalten, ein Ziel, das man endlich nach langer Vorarbeit erreicht hat. An diesem mühsam aufgebauten Gebäude will man sich freuen, es bewohnen – aber ganz sicher will man es nicht gleich wieder in Frage stellen, umbauen oder sogar abreißen. Das ist verständlich und auch gut so, schließlich haben Sie nicht die Zeit, sich nur mit Organisationsstrukturen zu beschäftigen und laufend neue Organigramme zu produzieren – ganz abgesehen von der Unruhe und dem Durcheinander, welche dies für das Personal bedeuten würden. Es ist auch letzten Endes völlig gleichgültig, ob dieses Gebäude nach dem letzten Schrei gebaut worden ist, einen Fahrstuhl und eine Dachterrasse hat oder nicht. Jedes Organisationsschema ist nur so gut, wie es gehandhabt wird. Der Teufel sitzt woanders: in der Arteriosklerose und im Krebs – auch heute noch zwei Geißeln der Menschheit, gegen die Ärzte ziemlich hilflos sind –, zwei Organisationskrankheiten par excellence. Lassen Sie mich erklären, was ich meine:

Organisation wird auch definiert als „Bauplan eines Organismus" und Organismus wiederum als „ein lebendes Gebilde aus einer oder vielen Zellen". Bei der Arteriosklerose oder Arterienverkalkung kommt es zu einer „krankhaften Veränderung der Arterien, vor allem als Folge von Kalkablagerungen an der inneren Wand", beim Krebs zu „bösartigen, wuchernden Geschwulstbildungen". Eine Organisation sollte ein lebendes Gebilde sein; dann ist es, genau wie der menschliche Organismus, zu großen Leistungen fähig. Als solch lebendes Gebilde ist es aber auch den gleichen Gefahren wie der menschliche Körper ausgesetzt, eben auch der Arterienverkalkung und dem Krebs – neben anderen organisationellen Krankheiten.

Wenn die Organisation wichtiger wird als das, was sie erreichen soll, wenn Bürokratie den normalen Fluß von Informationen und Entscheidungen hemmt, wenn Formalismus es schwer oder unmöglich macht, in Krisensituationen schnell und flexibel zu reagieren, dann hilft die schönste Fassade des Hauses (der Organisation) nichts mehr – sie taugt nichts! Die Bürokratie, die Verkrustung und Rigidität einer Organisation stehen am Anfang des Niedergangs so manchen Unternehmens und so mancher Organisation, wobei staatliche, überstaatliche und internationale Organisationen den Zustand der Sklerose weit schneller erreichen als Industrieunternehmen. Das heißt, eigentlich ist auch das nicht richtig, Industrieunternehmen überleben die Sklerose nur nicht so lange wie verbürokratisierte Organisationen, die eine erstaunliche Fähigkeit zeigen, als Skelette weiter zu existieren (und Geld aus der Staatskasse zu saugen). Die Papierberge, die die Bürokratie produziert, seien es nun Verordnungen, Regeln, Beurteilungen oder Berichte, sind der Kalk, der sich an den Innenwänden der Organsationsarterien absetzt und den Kreislauf hemmt. Die Einkaufsbestimmungen des Pentagons, beispielsweise, müssen ein Alptraum sein – sie umfassen Bände!

Aber es bahnen sich Veränderungen an! Japanische Firmen haben es verstanden, die sklerotischen Mammutorganisationen mit ihrem verbeamteten Mittelmanagement über Bord zu werfen und in kleinen, flexiblen, dynamischen Arbeitsgruppen allerhöchste Ergebnisse zu erzielen. In den Gruppen werden Selbstverantwortung, Teamgeist und die Motivation, zum besten der Gruppe und der Firma zu arbeiten, systematisch geweckt und belohnt.

Die Organisation von morgen wird auch in Europa flacher sein – und flexibler. Das „Aus" für die allzuspitze Pyramide ist vorprogrammiert, und flexible, sich oft ändernde Organisationsformen werden sich durchsetzen. Es wird allerdings einen zähen Kampf geben, denn die bestehenden Organisationstrukturen ermöglichen vielen Managern, eine Machtposition aufzubauen und zu erhalten, selbst wenn ihnen die Autorität fehlt, diese Positionen auszufüllen. Sie erinnern sich, daß wir Macht definiert haben als die Möglichkeit, andere zu bewegen, das zu tun, was man möchte, auch gegen ihren Willen, während Autorität das Recht darstellt, innerhalb einer Organisationsstruktur aufgrund der Position, die man innehat, etwas zu tun und Einfluß zu nehmen, was die Anerkennung und Akzeptanz durch andere einschließt.

Nun ist es natürlich nicht „die Organisation", dieses Neutrum, das wächst, wuchert und sklerotisiert. Sie ist nur das Gehäuse, das von Menschen bewohnt und belebt wird, die es weiter ausbauen, so, wie Bienen ihren Stock ausbauen und Ameisen ihren Hügel. Aber diese Menschen in der Organisation werden Teil dieses Biotops, dieses Systems – und sie werden Knechte der systemimmanenten Dynamik, die sie treibt, die Organisation zu vergrößern; die sie auch antreibt, zur Arteriosklerose beizutragen, indem sie anfangen, systemgerecht zu denken und zu handeln, ihren gesunden Menschenverstand dem System und seinen Interessen unterzuordnen.

Wir sehen hier also eine geistige Arteriosklerose von Menschen, die längere Zeit in einem System, einer Organisation gelebt und gearbeitet haben, sich mit einer gewissen Systematik identifizieren und die Flexibilität verloren haben, innovativ zu denken und die dadurch folglich zur organisationellen Arteriosklerose beitragen. Die Flexibilität, die Fähigkeit zur Anpassung an neue Gegebenheiten und veränderte Bedingungen, ist aber eine Voraussetzung für das Überleben. Die Evolutionsgeschichte ist voller Beispiele von Lebewesen und Rassen, die aussterben, weil sie sich nicht (schnell genug) anpassen konnten, sie ist aber auch voller Beispiele von sehr erfolgreicher Anpassung. Übrigens wird das Wort „System" so gern und oft gebraucht. Wir sollten es kurz definieren:

„System ist ein einheitlich organisiertes Gebilde, das aus mehreren Elementen zusammengesetzt ist und

- erst durch den Zusammenhalt dieser Elemente entsteht,
- Gesetzmäßigkeiten und Eigenschaften zeigt, die den Elementen für sich nicht zukommen."

Systeme, also einheitlich organisierte Gebilde, sind lebende Organismen. Und Leben bedeutete Dynamik – Statik ist lebensgefährlich. Leben strebt immer weg von statischen Formen, es ist fast synonym mit Dynamik, wie R. Pirsic sagt („Lila – oder ein Versuch über Moral"). Es wird zwar in dieser dynamischen Entwicklung, die immer ein Vorstoß in unbekanntes Gelände ist, immer wieder innehalten, um das Erforschte zu konsolidieren in einer organischen, statischen Form; aber es wird auf die Dauer nicht in dieser Statik verbleiben, sondern von der neugeschaffenen, festen (statischen) Basis weiter vordringen.

Sie werden also einerseits die organisationelle Statik sehen, aber andererseits im statischen Gebilde auch die menschliche erkennen, die Inflexibilität, die die Ursache so mancher Managementschwierigkeit ist – Menschen, die sich gegen jede Neuerung stemmen, weil diese den gewohnten Gang der Dinge stört, weil es anstrengender ist, etwas Neues zu tun und vielleicht auch erst einmal zu lernen, als das Altgewohnte, Vertraute und Gekonnte weiterzumachen. Nun vergessen Sie aber auch nicht, daß eine gewisse Statik, Ruhe, Solidität nötig ist, um von einer festen Basis aus etwas Neues aufzubauen. In einer Firma oder Organisation sind beide Komponenten, die statische und die dynamische Energie, nötig, um effizientes Arbeiten und sicheres Wachstum zu garantieren. Typische Vertreter der eher statischen Organisation sind die Verwaltungsabteilungen, dynamischer dagegen die Forschungs- und Verkaufsabteilungen (dies ist nicht wertend gemeint). Wo Verwaltung und Bürokratie überhandnehmen, besteht Arteriosklerosegefahr, wo den Verkaufsoptimisten zuviel Freiheit gelassen wird, kann die Grundlage für ein solides Wachstum nicht mehr gegeben sein, und die gesamte Firma kann zusammenbrechen.

Aber Arteriosklerose ist leider nicht alles! Es kommt ja noch der Krebs hinzu. Erinnern Sie sich, daß ich Ihnen „Parkinson's Law" und „Systemantics" als Muß-Lektüre ans Herz gelegt hatte? Ich hoffe, Sie haben beide Bücher gelesen – wenn nicht, holen Sie es bald nach –, es lohnt sich! Neben Murpheys Gesetz (nach dem alles, was schiefgehen kann, schiefgehen wird) und dem Peter-Prinzip, über das wir ausführlich gesprochen haben, ist Parkinsons Gesetz die wichtigste Erkenntnis für jeden Manager. Es besagt, daß die Arbeit sich ausdehnt, um die für die Erfüllung einer Aufgabe nötige Zeit auszufüllen, und dies bedeutet, daß die für die Erfüllung der Aufgabe angenommene Organisation und Zahl von Angestellten unkontrollierbar wächst. Man kann es auch anders ausdrücken: Jedes von Menschen gebildete System, also auch jede Organisation, lebt vom Augenblick seiner Geburt an natürlich, das heißt, es wächst. Als natürlicher Vorgang ist dies völlig in Ordnung. Allerdings hat die Natur etwas mehr Erfahrung als der Mensch, wie so etwas gemacht werden muß, und sie zeigt an einigen deutlichen Beispielen, daß es neben dem „gutartigen" Wachsen eben auch ein „bösartiges" Wuchern gibt – wobei wir es Philosophen überlassen wollen, ob sie sich trauen, zwischen Gut und Böse in der Natur zu unterscheiden.

Die Menschen haben bei ihren Nachahmungsversuchen nicht sauber gearbeitet, in ihren Labors ist irgendein Gerät kontaminiert worden – mit Krebszellen. Und folglich fängt jedes von ihnen entwickelte System sofort nach seiner Geburt nicht nur an zu wachsen, sondern zu wuchern, füllt jeden freien Raum, ist nicht mehr zu bändigen und zwingt die, die es beherrschen und gebrauchen sollten, in seinen Dienst. Schon Henry Thoreau sagte: „Die Menschen sind Werkzeuge ihrer Werkzeuge geworden." Da dies aber eine gewisse Zeit in Anspruch nimmt, lebt eine Organisation, wie der krebskranke Mensch auch, zunächst völlig normal, leistet die erwartete Arbeit. Weder der Mensch noch seine Umgebung merken etwas. Bis die ersten Symptome auftauchen!

Und dann kommen die Operationen und schmerzhaften Behandlungen! Da wird ein großes Sauriersterben einsetzen. Die Riesenorganisationen werden verschwinden und einem Netzwerk kleiner, effizienter, ohne die Riesen-Overheads der Mammutkonzerne arbeitender Betriebe und Zulieferfirmen Platz machen. Und harte Zeiten stehen ins Haus für die „Erbsenzähler" im mittleren und oberen Management, wie Günter Ogger sie nennt („Nieten in Nadelstreifen"). Viele von ihnen werden ihre bequemen und wohldotierten Posten und Pöstchen verlieren, wenn sie sich nicht sehr schnell auf die Anforderungen an das Management von morgen einstellen.

Was man als „kleiner" Manager oder Projektleiter dagegen machen kann? Nun, auch Arteriosklerose und Krebs können behandelt werden. Nur muß man sofort reagieren, wenn Symptome festgestellt werden – und im Fall von Krebs muß man unter Umständen operieren. Wenn Sie merken, daß in Ihrer Organisation der Informationsfluß nicht mehr optimal ist, wenn Bürokratie den Alltag zu beherrschen beginnt, wenn die Flut von Berichten nicht mehr zu sichten ist, wenn mehr und mehr obskure Positionen geschaffen und besetzt werden – lieber Freund, dann ist Alarmstufe eins! Putzen Sie die Arterien (Kommunikations- und Veranwortlichkeitslinien) frei, rücken Sie der Bürokratie zu Leibe. Nehmen Sie das Skalpell (oder die große Gartenschere), und schauen Sie, wo der Wildwuchs der neuen Stellen gestutzt werden muß. Stellen Sie sich hin und wieder vor, Sie müßten wegen der allgemeinen Marktlage zehn Prozent oder sogar zwanzig Ihrer Planstellen streichen. Fragen Sie sich, was eigentlich das absolute Minimum an Stellen und Aufwand sein müßte, um die Arbeit zu leisten – meistens bleibt Ihnen noch ein genügend großer Spielraum, um mehr als das absolute Minimum zur Verfügung zu haben.

Solch Denken und Vorgehen erfordert Disziplin, das ist richtig; und es erfordert den Mut, Ihren Vorgesetzten die Arbeit mit etwas weniger Schnörkeln und Verzierungen abzuliefern. Sicher tun die Leute im Wildwuchs auch ihre Arbeit, liefern Ihnen interessante Daten, die Sie sonst nicht bekämen; es ist ein Luxus, den man gern akzeptiert und ungern mißt. Es ist viel schöner, als von der Hand in den Mund zu leben. Aber fragen Sie sich, wieviel davon wirklich überlebensnotwendig ist. Und fragen Sie es sich immer und immer wieder – denn Bürokratie, Parkinsonsche Krankheit und organisationelle Karzinome können nie ganz ausgerottet werden. Keimzellen für ein neues Aufblühen bleiben immer.

Ich wünsche Ihnen viel Glück bei der Management-Diagnose und -Behandlung. Man kann sich dabei die Hände schmutzig machen, man kann aber auch die Befriedigung des Arztes verspüren, der eine Krankheit gebändigt und seinen Patienten die Möglichkeit zu weiterem gesunden Leben verschafft hat.

Was nun das Delegieren angeht, so ist dies ein Kapitel, bei dem ich nicht bereit bin, irgendwelche Zugeständnisse an Umstände oder sonstiges zu machen. Sie *müssen* delegieren, sonst gehen Sie unter. Weder Ihrer Arbeit noch Ihrer Gesundheit können Sie es lange zumuten, alles alleine machen zu wollen. Geben Sie ab! Widerstehen Sie der Versuchung, interessante Dinge selbst zu tun, wenn ein Mitarbeiter sie genausogut machen kann – und wenn er sie noch nicht genausogut macht, dann geben Sie ihm die nötige Ausbildung, damit er es tun kann. Zwingen Sie Ihre Mitarbeiter, Verantwortung zu übernehmen und Arbeiten selbständig durchzuführen. Wenn sie das nicht wollen, wechseln Sie sie aus. Zwingen Sie aber vor allem sich selbst zum Delegieren. Und haben Sie den Mut, Ihre Mitarbeiter Fehler machen zu lassen; es dürften kaum Fehler sein, die die Existenz der Firma bedrohen.

Ich hatte einmal Gelegenheit, in einer Firma zwei absolut extreme Gegensätze zu sehen, die man als Fallstudien nicht hätte besser zeichnen können. Die Geschichte klingt konstruiert, aber ich versichere Ihnen, daß sie wahr ist. Beide Kollegen arbeiteten in vergleichbaren Positionen und hatten in etwa die gleiche Anzahl von Mitarbeitern. Der eine war ein etwas introvertierter, nervöser, äußerst korrekter und wahnsinnig fleißiger Mensch, ein Arbeitssüchtiger, der sich Stapel von Akten mit nach Hause nahm, gehetzt wirkte, meistens kettenrauchend über Akten gebeugt in seinem Zimmer anzutreffen war. Der andere, Pykniker, gemütlich, pfeifenrauchend, war oft im Gang im Gespräch mit seinen Leuten oder solchen aus anderen Abteilungen anzutreffen. Er war geschätzt wegen seiner analytischen Fähigkeiten, stand im Ruf, „der Arbeit nicht nachzulaufen" – nein, um ehrlich zu sein, man hielt ihn für stinkefaul!

Als die Firma in einer Phase der Stagnation beschloß zu reorganisieren und Arbeitsplätze einzusparen, wurde eine Beraterfirma beauftragt, entsprechende Vorschläge auszuarbeiten. Es war eine gute Beratungsfirma, die ihre Arbeit sorgfältig machte und ihre Vorschläge auf einer gründlichen Analyse sämtlicher Abteilungen aufbaute. Zur größten Überraschung fast aller (ich muß zugeben, daß ich nicht weiß, wie die Geschäftsleitung damals reagiert hat) ergab die Analyse, daß die Resultate, die Effizienz und die Arbeitsmoral in der Abteilung unseres „Faultiers" fast doppelt (!) so hoch waren wie in der seines Kollegen. Einer der ersten Vorschläge war, den Kollegen seines Postens zu entheben, da er unfähig war zu delegieren und in seiner Sucht, alles selbst zu machen, nicht nur den Arbeitsfluß hemmte, sondern auch der Frustration und Unzufriedenheit seiner Untergebenen Tür und Tor öffnete. Im Abschlußbericht wurden Erfolg und Mißerfolg beider Abteilungen auf ein einziges Wort zurückgebracht: Delegation!

Übrigens habe ich vor etwa zehn Jahren beide wiedergesehen: Unser Pfeifenraucher, der er immer noch war und hoffentlich noch ist, war inzwischen Vizepräsident der Firma. Und wissen Sie, wer der Chef seiner Stabsabteilung war? Richtig, der damalige Kollege, inzwischen Nichtraucher (ich möchte hier keine Verbindung zwischen Zigarettenrauchen und Delegation herstellen!), viel ruhiger, durch seinen Freund und Vorgesetzten zu einem Experten im Delegieren gemacht. Sie sehen, selbst Delegieren kann gelernt werden.

Delegieren Sie aber nicht nur, delegieren Sie auch richtig, das heißt, übergeben Sie Ihren Mitarbeitern nicht nur die Pflicht, eine Aufgabe zu erledigen, sondern auch die Entscheidungsfreiheit, die Ausführungsweise zu bestimmen und zu kontrollieren. Sitzen Sie ihnen nicht dauernd im Nacken, aber kontrollieren Sie in einer Art, die vorher mit ihnen durchgesprochen worden ist, die es Ihnen ermöglicht, Ihrer Rechenschaftspflicht Ihren eigenen Vorgesetzten gegenüber nachzukommen. Geben Sie nicht nur die Rosinenteile der Arbeit ab. Zögern Sie nicht, auch unangenehme Dinge zu delegieren.

Durch Delegation bildet man Mitarbeiter aus – es ist praktisch eine Weiterbildungsmaßnahme, bei der praktische Arbeit unter Aufsicht durchgeführt wird. Nur wenn langsam einer oder mehrere Ihrer Mitarbeiter in die Lage versetzt werden, Ihre Arbeit zu erledigen, können Sie sich freimachen für Spezialaufgaben und für die eigenen Vorbereitungen auf „höhere" Positionen. Ziehen Sie sich Ihren Nachfolger heran, ziehen Sie überhaupt so viele gute Mitarbeiter in Ihr Team wie nur möglich – um so leichter wird das Delegieren.

Also: Organisation muß sein – es kann nicht immer alles improvisiert werden. Aber lassen Sie sich nicht von Ihrer Organisation gängeln. Halten Sie immer die große Gartenschere bereit, um Wildwuchs zurückzustutzen; klopfen Sie laufend die Rohre der Kommunikation und der Verantwortlichkeiten ab, und wenn Sie eine Verstopfung entdecken, gehen Sie schleunigst an die Beseitigung. Und delegieren Sie, delegieren Sie, delegieren Sie!

Übrigens:

Vielleicht ist es Ihnen in Ihrer jetzigen Position noch nicht möglich, über den Rahmen Ihrer Abteilung hinaus Arteriosklerose und Krebs in Ihrer Firma zu bekämpfen. Nun, dann beschränken Sie sich zunächst auf Ihre Gruppe. Es wäre fatal, wenn Sie zwar Mißstände in der Organisation anprangern wollten, aber nicht in der Lage wären zu zeigen, daß Sie im „eigenen Haus" für Ordnung sorgen können. Wenn Sie aber einen Vorstoß wagen wollen, dann suchen Sie sich ein Beispiel aus, das wirklich überzeugend ist, bei dem niemand leugnen kann, daß die Diagnose stimmt. Dann machen Sie Vorschläge, wie man diesen einzelnen Aspekt verbessern kann. Fangen Sie nicht mit einer Reorganisation der gesamten Firma an.

Fragen Sie auch andere um ihre Meinung, um sich zu vergewissern, daß Sie nicht selbst auf dem Holzweg sind. Und machen Sie immer deutlich, daß das, was immer Sie vorschlagen, um der Sache willen vorgeschlagen wird und nicht zu Ihrem eigenen Ruhm. („Lorbeer ist ein gutes Kraut für die Sauerköche, wer es für die Stirne will, wisse, daß es steche.")

Der Verfasser ist mir unbekannt, aber wer solch eine Aussage machen kann, wird verzeihen, wenn sein Name nicht verewigt wird.

Schlaglichter

Eine Organisation ist ein lebendes, dynamisches Gebilde, das sich den jeweiligen Bedingungen anpassen muß und kann	Ja
Eine Organisation ist eine Zwangsjacke	Nein
Eine Organisation ist eine klare Struktur, die es ermöglicht, innerhalb festgesetzter Grenzen kreativ und unabhängig zu arbeiten	Ja
Eine Organisation ist eine unantastbare heilige Kuh	Nein
Improvisieren statt organisieren	Nein
Reorganisation, wenn die Organisation nicht (mehr) den Anforderungen genügt	Ja
Organisieren und Reorganisieren als Hobby	Nein
Die Zukunft fordert kleinere, flexiblere, anpssungsfähige Einheiten	Ja
Macht aufgrund von Managementposition ausspielen	Nein
Autorität erwerben und zielgerecht einsetzen	Ja
Delegieren heißt effizient arbeiten	Ja
Delegieren heißt Mitarbeiter fördern	Ja
Delegieren heißt, sich vor Arbeit oder Verantwortung drücken	Nein
Delegieren, ohne alle Betroffenen zu informieren	Nein
Nicht delegieren, wenn die Arbeit interessiert oder man Angst vor Fehlern der Mitarbeiter hat	Nein
Verantwortung für die Aktionen seiner Mitarbeiter behalten	Ja
Verantwortung ohne Autorität delegieren	Nein
Bürokratie, Formalismus, wuchernde Zunahme obskurer Stellen – Alarmzeichen für organisationelle Arteriosklerose und Krebs?	Ja
Delegieren, bis man selbst nichts mehr zu tun hat	Jein

Fünfter Brief:
Kontrolle – Problemanalyse – Entscheidungsfindung

> *„… und sie urteilten nicht, sie kalkulierten …*
> *ein völlig irrationales Vertrauen in die*
> *Kalkulierbarkeit der Realität wurde das*
> *Leitmotiv der Entscheidungsfindung."*
> (Hannah Arendt in „Krise der Republik")

Lieber Richard!

Sie sagen, daß Sie Schwierigkeiten mit der Kontrolle haben, daß einer Ihrer Leute „mosert", weil er sich zu sehr kontrolliert fühlt? Was ist los? Schauen wir uns doch dieses Mal das Thema Kontrolle – Problemanalyse – Entscheidungsfindung etwas näher an. Vielleicht finden wir, wo das Problem liegt und was wir zu seiner Lösung tun können.

Wir hatten festgestellt, daß Sie Ihren Leuten Verantwortung (und die dazugehörigen Befugnisse) delegieren sollen, ja müssen, sonst „ersaufen" Sie in der Arbeitsflut. Wir hatten auch gesagt, daß sich ein Vorgesetzter mit seinen Leuten über das Ziel und die Vorgehensweise einigen sollte, damit jeder weiß, „was" zu tun ist, daß er aber das „Wie" nach Möglichkeit den einzelnen überlassen sollte. Und schließlich hatten wir unterstrichen, daß Kontrolle notwendig sei, schon um der Verantwortlichkeit den eigenen Vorgesetzten gegenüber gerecht werden zu können.

Wie kann es bei der Kontrolle zu Schwierigkeiten kommen? Kein vernünftiger Mensch wird sich einer vernünftigen Kontrolle widersetzen – sofern sie eben vernünftig ist. Und was ist vernünftig? Verzichten Sie auf jede „objektive" oder gar philosophische Definition dieses Begriffes! Vernünftig in diesem Zusammenhang ist das, was beide Teile als richtig und annehmbar empfinden. Wenn Sie also das Ziel zusammen mit dem Mitarbeiter festgelegt und sich über die Vorgehensweise geeinigt haben, dann kommt als dritte Komponente dieses Gesprächs die Vereinbarung der Verifizierung der Resultate hinzu, also der Kontrollmechanismus, der sicherstellen soll, daß der Mitarbeiter selbst ermessen kann, ob er noch auf dem richtigen Kurs und in der Zeit liegt, und der Ihnen die Beruhigung gibt, daß alles nach Plan verläuft. Wer so etwas völlig „Vernünftiges" nicht akzeptieren kann, ist selbst unvernünftig. Entweder, Sie bringen ihn zur Vernunft – scheuen Sie sich nicht, absolute Klarheit darüber zu schaffen, was Sie erwarten –, oder der Mitarbeiter muß sich einen Vorgesetzten suchen, der ihn nach seinen eigenen Vorstellungen „in Ruhe läßt".

Ich hatte einen Kollegen, der Kontrolle grundsätzlich ablehnte – eine Frage des Prinzips gewissermaßen. Da wir oft reisen mußten, fragte ich ihn eines Tages, ob er der Meinung sei, die Piloten unserer Verkehrsmaschine könnten sich bei einem interkontinentalen Flug schlafen legen, wenn sie den mechanischen Flugregler eingeschaltet hätten. Schließlich sei doch alles in Ordnung und genau geregelt, eine Kontrolle erübrige sich doch … Er warf mir einen wütenden Blick zu und verließ den Raum. Wir haben nie wieder über Kontrolle miteinander gesprochen.

Was nun die Problemanalyse angeht, so habe ich insofern „ein Problem", als es meiner Ansicht nach kein Patentrezept für die Abkürzung eines Verfahrens gibt, das – wenn man es ordentlich machen will – gründliche Vorarbeit erfordert. Ich glaube allerdings, daß es gar nicht so sehr darum geht, ein Schnellverfahren zu finden, als viel mehr darum, vorsichtiger mit den Begriffen umzugehen und sich einer gewissen „Disziplin des analytischen Denkens" zu befleißigen.

Ich meine damit, daß wir den Begriff „Problem" viel zu oft, zu unbedacht, zu leichtfertig verwenden. Dauernd gibt es dieses oder jenes Problem, hat dieser oder jener Mitarbeiter Probleme mit Dingen oder Menschen. Und eine gewisse Reaktion auf den Problem-Verallgemeinerungsschlamassel ist die Haltung derer, für die es nie Probleme gibt.

Wenn wir uns die Definition von Kepner/Tregoe in Erinnerung rufen: „Ein Problem ist eine Abweichung vom Normalen", dann haben wir zwar eine griffige Formulierung des Begriffes, aber noch kein Patentrezept zur Lösung unserer Probleme. Dazu wird die Formel erst – wie so vieles in unserem Beruf – durch die Anwendung, die korrekte Handhabung und durch die Disziplin, mit der sie gebraucht wird. Wenn wir nicht genau festlegen oder schon definiert haben, was das „Normale" ist, können wir keine Abweichung feststellen, jedenfalls keine, die uns in der Problemanalyse weiterbringt. Und wenn wir bei der Feststellung einer Abweichung nicht diszipliniert versuchen festzulegen, worin genau sie liegt, um uns von dort aus an ihre

Ursache heranzuarbeiten, dann könnten wir uns von vornherein auf das Glück verlassen, zufällig herauszufinden, was, wann, wo und wie schiefgelaufen ist.

Und nun muß ich nochmals auf die Disziplin zurückkommen: Wenn wir etwas sparsamer mit dem Begriff „Problem" umgehen, wird die Notwendigkeit einer umfangreichen Problemanalyse, wie ich sie skizziert habe, nur selten auftauchen. Wenn wir uns zwingen, uns zu fragen, wann ein „Problem" wirklich ein Problem ist und nicht nur etwas, was uns kurzfristig stört, oder etwas, was wir abstellen können, bevor es überhaupt erst zum Problem wird, dann wird der gesamte Arbeitsalltag „problemfreier". Und wenn wir uns dann noch zwingen, ein Problem grundsätzlich nur als solches zu bezeichnen, wenn es der Kepner/Tregoe-Definition entspricht, dann haben wir praktisch die Kurzformel, die Abkürzung auf dem Weg zur Entscheidungsfindung – auf jeden Fall ein Instrument, mit dem wir im Prinzip jedem Problem erfolgreich auf die Spur kommen und es in die Ecke drängen können, in der es auch angepackt werden kann.

Ich muß hier einen Gedanken einfügen, der mir Sorgen bereitet und der mich veranlaßt hat, Hannah Arendts Zitat als Motto für diesen Brief auszuwählen:

Was ich Ihnen schreibe, klingt oft dogmatisch, so „von einer sicheren Basis ausgehend", als ob diese sichere Basis tatsächlich immer gegeben sei. Nun sollte man selbstverständlich immer trachten, eine solide Basis für das, was man tut oder plant, zu haben. Nur ist es heutzutage schwer, diese Basis immer zu garantieren. Ein Charakteristikum unserer Zeit ist die fehlende Konstanz, das Flüchtige, das wahnsinnige Tempo, in dem sich alles fortlaufend verändert. Was gestern noch überschaubar, zeitlich absehbar und kontrollierbar schien, ist heute ein hoffnungsloses Chaos von neuen Gegebenheiten, Zwängen und Notwendigkeiten zur Änderung von Strategien und Plänen, selbst kurzfristiger Art.

Dies erfordert mehr denn je Flexibilität, die Fähigkeit, im Tempo der Zeit zu arbeiten, zu denken und zu planen. Die Kalkulierbarkeit, vor allem des Morgen, ist nicht mehr gegeben, die Kalkulierbarkeit der Realität wird schwerer und schwerer. Management wird damit auch immer mehr die Kunst des richtigen Reagierens auf Unvorhergesehenes und Verändertes. Nur bin ich der Meinung, daß das blitzschnelle „Schießen aus der Hüfte" nur dann erfolgreich möglich ist, wenn man die Kunst des Schießens und den Gebrauch der Waffe gründlich beherrscht. Das heißt, man kann als Manager nur richtig reagieren und richtig handeln, auch improvisieren, wenn man die Grundlagen des Managements genau kennt und Übung und Erfahrung in der Durchführung der Managementtätigkeiten hat. Darum komme ich immer wieder auf das Grundsätzliche zurück, das so selbstverständlich erscheint und doch gar nicht so selbstverständlich im Managementalltag ist, hacke auf Prinzipien herum, dringe auf klare Grundlinien. Ich leugne die schnellere Gangart des heutigen Geschäftslebens nicht, aber ich bezweifle, daß man den damit verbundenen Problemen zwangsläufig mit noch größerer Eile begegnen muß.

Und ich glaube auch, daß die Hetze und der zum Leitmotiv der heutigen Managergeneration hochgejubelte Wechsel übertrieben dargestellt wird und zu Fehleinschätzungen, Fehleinstellungen und zur gefährlichen Vernachlässigung von wichtigen Grundprinzipien führt. Eine langfristige Planung und Kursfestlegung muß sein. Die Beibehaltung eines Kurses ist für ein Unternehmen solange richtig, bis einwandfrei deutlich wird, daß der Kurs geändert werden muß. Dauernde Kursänderungen machen Management und Belegschaft verrückt!

Darum sollten Sie versuchen, Ruhe in Ihre Arbeit zu bringen – und Ruhe in Ihr Team. Ich meine damit nicht die „disziplinarische" Ruhe des Gehorsams, sondern die für die erfolgreiche Erledigung einer Aufgabe nötige Arbeitsruhe. Betrachten Sie grundsätzlich alles, was so sehr nach Veränderung schreit, was so dringend berücksichtigt werden muß, mit einer gewissen Ruhe und Gelassenheit. „Dringend" ist kein Synonym für „wichtig".

Aber zurück zu Problemanalyse und Entscheidungsfindung: Ich bin fest davon überzeugt, daß es nur deswegen soviele „Probleme" im Managementalltag gibt, weil die Disziplin zu eindeutigen Definitionen fehlt; weil mit dem vagen Wort so vieles vermanscht werden kann und wird, daß man die Konturen nicht mehr erkennt.

Aber es gibt einen zweiten Grund: der fehlende Mut, ein Problem anzupacken, eine Entscheidung zu fällen. Doch, doch, lieber Freund! Fragen Sie sich einmal, wie viele der echten Probleme, die Sie sehen oder auch schon gelöst haben, entweder noch bestehen oder so lange haben bestehen können, nur weil der Mut fehlte, sie anzupacken!

Problemanalyse ist in den meisten Fällen der erste Schritt im Prozeß der Entscheidungsfindung. Manche Manager sagen, daß das, was Management eigentlich ausmacht, das Treffen von Entscheidungen ist. Im gewissen Sinne haben sie recht, ich will nur nicht die Definition von „Management" auf diese eine Tätigkeit reduziert sehen; aber ich bin gerne bereit zu sagen, daß sich beim Treffen von Entscheidungen zeigt, aus welchem Holz ein Manager geschnitzt ist, ob er einerseits die Disziplin zur gründlichen Vorarbeit für eine Entscheidung hat und andererseits den Mut, sie zu fällen und zu ihr zu stehen!

Napoleon ist ein gutes Beispiel für beides. Er wird zwar oft als der Mann der Tat, des schnellen Entschlusses gepriesen, aber er selbst hat des öfteren erklärt, daß seine Erfolge die Frucht einer sehr gründlichen Vorbereitung waren. Er hat sich nicht nur um die großen Ziele, sondern auch um die Kleinarbeit gekümmert, hat Monate vor einem Feldzug und manchmal Wochen vor einer Schlacht alle nur möglichen Zwischenfälle durchdacht und entsprechende Maßnahmen vorbereitet. Obwohl er sich immer die Flexibilität erhielt, Maßnahmen kurzfristig zu ändern, wenn die Gegebenheiten es erforderten, war er – zur Überraschung von Freund und Feind – auf viele „unvorhersehbare" Ereignisse vorbereitet und konnte schneller als seine Feinde reagieren. „Ich bin gewöhnt, drei oder vier Monate im voraus zu überlegen, was ich zu tun habe, und ich lege meinen Berechnungen immer die schlimmste (Situation) zugrunde ...". „Es ist meine Gewohnheit, so viele Vorsichtsmaßregeln zu treffen, daß nichts dem Zufall überlassen bleibt ...". „Man hat im Krieg nur Erfolg, wenn die Pläne gründlich durchdacht sind." Dies sind einige seiner Gedanken, festgehalten in „Correspondence, XIII, Nr. 10810, XVI, Nr. 13652, XVII, Nr. 14307").

Wir haben ausführlich darüber gesprochen, wie man eine Entscheidung vorbereiten soll; darüber will ich mich nicht weiter auslassen. Und was den Mut angeht, sie zu treffen – nun, da kann man ebenfalls wenig hinzufügen: Entweder man hat ihn, oder man hat ihn nicht. Man sollte allerdings vermeiden, sich selbst Gewalt anzutun. Wenn man nicht sicher ist, daß man die Entscheidung fällen, vor allem aber, daß man auch mit ihr leben kann, dann sollte man sie nicht treffen! Und Sie brauchen nicht in Depressionen zu verfallen oder sich mit Selbstvorwürfen zu quälen, wenn Sie einmal einer Entscheidung ausweichen. Oft kann der Grund sein, daß die Zeit für diese Entscheidung noch nicht reif ist, daß Sie noch nicht bereit sind, sie konsequent durchzustehen. Und wenn dies der Fall ist, dann sollten Sie die Entscheidung auch nicht treffen. Also, bitte etwas Geduld mit sich selbst!

Der fehlende Mut zur Entscheidung ist ein Extrem innerhalb des Spektrums „Entscheidungen treffen". Das genaue Gegenteil trägt aber genauso dazu bei, das Thema so schwierig zu machen – und deswegen ist es letzten Endes der Prüfstein für Managementqualität: die Neigung, Entscheidungen vorschnell zu treffen, ohne die nötige Vorarbeit, unausgegoren – vor allem aber die Inflexibilität, sie rückgängig zu machen, wenn sie sich als falsch erweisen. Ich widerspreche mir nicht, wenn ich sage, daß man zu seinen Entscheidungen stehen, sie nicht beim geringsten Widerstand fallenlassen soll. Aber genausoviel, wenn nicht größeren Schaden richtet man an, wenn man glaubt, man verlöre sein Gesicht, man könne es sich nicht leisten, einen Fehler oder eine Fehleinschätzung zuzugeben. Die Agonie, mit einer falschen Entscheidung zu leben, weil man nicht den Mut hat, sie zu ändern, ist überhaupt nicht zu vergleichen mit dem kurzen Schmerz einer „Blamage", eines Ärgers (meist über sich selbst), wenn man zugeben muß: „Verflixt, da habe ich Mist gebaut, diese Entscheidung war falsch."

Die Menschen haben ihre Welt und ihr Zusammenleben in kleinen und großen Gemeinschaften derart verkompliziert, daß jede Tätigkeit in einer führenden Position ein Sich-Auseinandersetzen mit einem äußerst komplexen Umfeld bedeutet. Wir haben es nicht mehr nur mit einer überschaubaren Gruppe und persönlichen, direkten Kontakten zu tun, sondern mit einer Vielzahl von Partnern, Kunden, Geschäftsverbindungen, die über die ganze Welt verstreut sind. Die Anonymität der Distanz erschwert echte Kommunikation und ein Sich-näher-Kommen; sie degradiert oft „Partner" zu Aktenzeichen, Fax-Nummern oder Planstellen.

Andererseits unterbindet dies aber auch den spontanen Gedankenaustausch, das so wertvolle und wichtige Korrektiv des Gesprächs, in dem Gedanken „sortiert", die Wirkung von Entscheidungen im voraus geprüft werden können. Das führt dazu, daß manchmal Beschlüsse ohne Prüfung, oft auch ohne genügend Informationen gefaßt werden. Keine Entscheidung kann aber auf Dauer besser sein als die Informationen, auf denen sie beruht. Ist jedoch eine Entscheidung erst einmal gefällt worden, dann haben die Menschen große Schwierigkeiten, sie wieder rückgängig zu machen, ganz gleich, als wie falsch sie sich entpuppen möge. Vor allem, wenn etwas Zeit verstrichen ist – oft genügen wenige Stunden -, festigt sich bei vielen Menschen die Gewißheit, daß ihre Entscheidung richtig war, daß sie recht haben; und sie sind immer weniger bereit, Gegenargumente anzuhören. „Ich habe mir meine Meinung gebildet, nun bring mich nicht mit Fakten durcheinander." Im Saft der eigenen Meinung, auch des eigenen Vorurteils schmorend, verhärtet sich so eine Position immer mehr.

Noch etwas muß ich aber aus unserer Korrespondenz in diesem Zusammenhang wiederholen: die Frage der Loyalität. Solange eine Entscheidung in der Vorbereitungsphase ist, Sie in den Prozeß der Entscheidungsfindung eingeschlossen wurden und der objektiven Meinung sind, diese Entscheidung sei für die Organisation, zumindest aber für Ihre Gruppe, falsch oder nicht optimal, dann „motzen" Sie, kämpfen Sie dagegen mit allen Argumenten, die Sie finden können. Wenn die Entscheidung aber einmal gefällt ist, gibt es für Sie nur zwei Möglichkeiten: Entweder Sie können mit dieser Entscheidung leben – dann akzeptieren Sie sie; das heißt aber auch hundertprozentig akzeptieren, nicht nur so „ein bißchen". Oder Sie können das nicht – dann müssen Sie die Konsequenzen ziehen und sich eine andere Aufgabe suchen.

Dieselbe Loyalität, die Sie Ihren Vorgesetzten schuldig sind, können und müssen Sie aber auch von Ihren Mitarbeitern verlangen. Auch hier werden zu viele Zugeständnisse gemacht, fehlt es an Klarheit, wird das Recht zum „Motzen" als Grundrecht zugestanden, ohne daß eine gleichwertige Verpflichtung zur Loyalität abverlangt wird. Sie haben die Möglichkeit, in Ihrer Position beides zu tun, das heißt, Mitspracherecht bei der Entscheidungsfindung zu geben, aber auch konsequent Loyalität bei der Durchführung der Entscheidungen zu verlangen – sofern Sie selbst diese Haltung vorleben. Das Kreuz mit dem Management ist nun einmal, daß man das meiste vorleben muß und nicht einfach diktieren kann.

Also fassen wir zusammen: Kontrolle muß sein, ist aber auch kein Problem, wenn sie mit denen, deren Arbeit kontrolliert wird, abgesprochen wurde. Problemanalyse ist, trotz der erforderlichen Gründlichkeit, kein „Problem", wenn wir mit dem Begriff „Problem" etwas sparsamer und disziplinierter umgehen. Entscheidungen zu treffen bleibt allerdings immer schwer. Je gründlicher wir eine Entscheidung vorbereiten können, desto besser. Aber wir sollten an Charles de Gaulle denken, der gesagt hat: „Es ist besser, unvollkommene Entscheidungen durchzuführen, als ständig nach vollkommenen zu suchen, die es niemals geben wird."

Man sollte also nicht jeder Entscheidung im Managementalltag gleich den Mantel der schicksalhaften Bedeutung umhängen. Die sind verhältnismäßig selten. Sofern Sie allerdings vor einer solchen Entscheidung stehen, lohnt sich die gründliche Vorbereitung allemale. Aber sonst sollte man auch mal den Wurf wagen und sich nicht gegen alle nur denkbaren Konsequenzen abzusichern versuchen. Keine Entscheidung ist nicht unbedingt besser als eine falsche Entscheidung! Joseph Joubert hat es so ausgedrückt: „Es ist besser, ein Problem zu erörtern, ohne es zu entscheiden, als es zu entscheiden, ohne es erörtert zu haben."

Und mit dieser ketzerischen Aussage verabschiede ich mich für heute. Ich hoffe, es gelingt Ihnen, Ihren Mitarbeiter zu überzeugen, daß Kontrolle weder erniedrigend noch ein Beweis fehlenden Vertrauens ist. Sollte es Ihnen nicht gelingen, dann müssen Sie eben die Entscheidung treffen, daß es so ist. Es ist dann das „Problem" des Mitarbeiters, wie er damit fertig wird.

Übrigens:

Zum Thema „Problem" noch einen Tip: Gehen Sie nie zu Ihrem Chef, nur bewaffnet mit einem Problem, das Sie ihm vortragen wollen. Es gibt einen alten Militärspruch, der da sagt: „Feldwebel, erzählen Sie mir nicht Ihr Problem, erzählen Sie mir Ihre Lösung."

Ihr Chef kann mit vollem Recht von Ihnen erwarten, daß Sie sich nach Feststellung des Problems auch Gedanken über seine Lösung gemacht haben. Ihre Lösung mag nicht immer die richtige sein, Ihr Chef mag vielleicht nachher etwas ganz anderes tun, als das, was Sie vorgeschlagen haben. Darum geht es nicht. Sie können aber mit Ihren Gedanken zur Problemlösung beitragen.

Und noch eine sehr praxisnahe Erkenntnis sollten Sie im Hinterkopf behalten: Es ist leichter, um Entschuldigung zu bitten, als um Erlaubnis zu fragen. Rennen Sie nicht wegen jeder Kleinigkeit zum Chef. Wenn er Ihnen eine Aufgabe übertragen hat, dann hat er damit bewiesen, daß er Ihnen die Lösung und Durchführung zutraut. Und da Sie sich doch sicherlich über einen Kontrollmechanismus geeinigt haben, sollten Sie etwas tun und nicht bei jedem Schritt um Erlaubnis fragen. Also denn ...

Schlaglichter

Vertrauen ist gut – Kontrolle ist besser	Nein
Kontrollfetischismus	Nein
Kontrolle, um Mitarbeitern zu helfen, effizienter zu arbeiten und gesteckte Ziele zu erreichen	Ja
Kontrolle bedeutet, immer jedes Detail wissen zu müssen	Nein
Problemanalyse systematisch und methodisch angehen	Ja
„Problem" als Sammelbegriff für Symptome	Nein
„Problem" als Abweichung vom Normalen definiert und gehandhabt	Ja
Qualität der Entscheidung = Qualität der Informationen, auf denen sie beruht	Ja
Entscheidungen aufschieben in der Hoffnung, die Probleme lösen sich von selbst	Nein
Entscheidungen vermeiden, um keine Fehler zu machen	Nein
Entscheidungen durch Gruppen fällen lassen, um Verantwortung verteilen zu können	Nein
Entscheidungen hastig treffen, um entscheidungsfreudig zu wirken	Nein
Entscheidungen fällen und zu ihnen stehen	Ja
Ich habe meine Entscheidung getroffen – bring mich nicht mit Fakten durcheinander	Nein
Loyalität, auch wenn die Entscheidung nicht den eigenen Vorstellungen entspricht	Ja
Ruhe bei Problemanalyse und Entscheidungsfindung	Ja
Ja, was denn nun, sorgfältig vorbereiten oder handeln?	Jein

Sechster Brief:
Kommunikation

*Für die Sprache ist einfach nur nötig,
daß sie den Sinn vermittelt.*
Konfuzius

Lieber Richard!

Kommunikation ist ein schwieriges Thema, und es wird ein schwieriges Thema bleiben, trotz all der klugen Gedanken, die sich so viele kluge Leute darüber gemacht haben.

Ludwig Wittgenstein sagt: „Die Grenzen meiner Sprache bedeuten die Grenzen meiner Welt." Sprache (ob wir sie nun in unserer Kommunikation schriftlich oder verbal gebrauchen) ist die Grundlage aller Dinge, die wir tun, das Fundament allen Denkens. Ohne Sprache kann sich nichts manifestieren, seien es die größten technischen Leistungen oder die wertvollsten Gedanken der Menschheit – sie werden erst zur Realität durch die Sprache, durch den Ausdruck. Unser gesamtes Bewußtsein ist Sprache! Was wir nicht ausdrücken und benennen können, existiert nicht. Es wird erst zur Realität, wenn es getauft wird mit einem Namen, einem Begriff, wenn es eingeordnet werden kann in den großen Zettelkasten des menschlichen Gehirns. Und weil der fruchtbare menschliche Geist und seine unstillbare Neugierde immer neue Erkenntnisse erlangt und Neues entdeckt, muß die Sprache dynamisch, flexibel und pulsierend bleiben, sich neuen Denkformen anpassen, Raum lassen für neue Begriffe und deren Beschreibungen.

Sprache ist der Ausdruck der höchsten bisher erreichten Stufe der Evolution. Sie trennt den Menschen deutlicher als alles andere vom Tier. Und der Mensch kann die Sprache – wie alles, was er benutzt – zum Guten oder zum Schlechten gebrauchen. Sie kann den besten menschlichen Regungen und Gedanken Ausdruck verleihen und unzählige andere in den Bann dieser Gedanken ziehen, sie zu großen Leistungen und Opfern antreiben. Und genausogut kann sie mißbraucht werden und Menschen in den Dienst des Negativen zwingen – oft ohne, daß sie es wissen.

Sie kann als Waffe gebraucht werden, und wir finden im täglichen Sprachgebrauch genügend Hinweise auf ihre Gefährlichkeit, von der

„treffenden" Formulierung einer „spitzen" Zunge bis zum „Rufmord", der Menschen töten kann. „Die ideale Tatwaffe für den perfekten Rufmord ist die spitze Feder", habe ich vor kurzem gelesen.

Sprache lädt ein zum Gebrauch. Wir alle sprechen, wir alle gebrauchen Sprache – vom Selbst-„Gespräch" bis zur öffentlichen Rede. Aber wie so vieles im Arsenal des Menschen, wird zwar der Gebrauch dieses Werkzeuges mehr oder weniger erfolgreich gelehrt und gelernt, aber über das Wesen der Sprache, über ihre Bedeutung für das Leben jedes einzelnen, über die Verantwortung, die der Gebrauch dieser Waffe mit sich bringt, darüber wird nichts oder wenig gesagt. Und so sieht sich der Mensch im Besitz eines Werkzeuges, für dessen Gebrauch er oft nicht reif ist, zumindest nicht gründlich genug vorbereitet oder ausgebildet wurde.

Daraus entsteht das Unheil, das durch „das Wort" angerichtet wird: von der Verhunzung einer Sprache bis zu ihrem raffinierten Einsatz zur Verwirrung und Verführung einzelner und ganzer Völker. Wenn mit der Kenntnis der Sprache in Wort und Schrift auch der Respekt vor ihr und die Verantwortung, die ihr Gebrauch mit sich bringen sollte, gelehrt würden, dann könnte vielleicht manches vermieden werden, was Kommunikation heute so schwierig macht.

Ich muß zugeben, daß ich dieses Thema mit etwas gemischten Gefühlen angehe! Es ist ein äußerst schwieriges und vielschichtiges Phänomen, mit dessen Erforschung sich eminent tüchtige Leute fast aller Fachgebiete von der Philosophie bis zur Psychotherapie beschäftigt haben. Was bedeutet gute Kommunikation, beziehungsweise welche Schwierigkeiten stehen guter Kommunikation entgegen? Nun, das, was wir sagen und aussagen, ist geprägt von Eigenheiten, die von nationalen, geschichtlichen, bis zu rein persönlichen reichen, ja sogar von momentanen Stimmungen. Wenn der Empfänger, der Partner in unserer Kommunikation, nicht ähnlich denkt oder (momentan) fühlt, wird das, was wir sagen, nicht so aufgenommen werden, wie wir es meinen, und es kann prompt zu Konflikten kommen.

Der Vergleich mit einer Steckdose, in die nur ein bestimmter Stecker paßt, drängt sich hier auf. Es ist aber klar, daß es unmöglich ist, völlige Gleichheit zu finden, denn die an der Kommunikation Beteiligten sind Menschen, und jeder Mensch ist ein „Unikat". Trotzdem scheint manchmal völlige Übereinstimmung zu herrschen. Bei näherer Betrachtung handelt es sich dabei aber oft nur um eine „Stammtischharmonie", bei der beispielsweise im

Bierdunst ein gemeinsamer Punkt des Hasses gefunden und unkritisch von mehreren Teilnehmern angegriffen wird. „Der Staat", „die Politiker", „die Ausländer", „die Italiener", „die Kanaken", „die Juden" usw. sind beliebte Kategorien, die man ablehnen und sich dabei der Zustimmung in der Runde sicher sein kann. Daß hier Konfliktstoff gesammelt wird, der sich gewaltsam entladen kann, ist klar. Der Weg von Biertischverallgemeinerungen zur Massenhysterie ist nicht so weit, wie man annehmen möchte!

Für uns Manager genügt es, um diese Faktoren zu wissen und sie soweit wie möglich zu berücksichtigen; das heißt, zu versuchen, sich weitmöglichst auf den Kommunikationspartner einzustellen, nicht die Fassung zu verlieren, wenn eine Nachricht nicht „ankommt" und mißverstanden wird. Wenn Sie dieses Thema interessiert, empfehle ich Ihnen Rupert Lays Buch „Krisen und Konflikte", in dem er in einem Kapitel sehr ausführlich über Konfliktgründe bei der Kommunikation spricht und darlegt, daß es manchmal in der Tat unmöglich ist zu kommunizieren, wenn die Ausgangspunkte zu weit auseinander liegen. Dann hilft nur noch das Schweigen – denn auch das gehört zum Thema „Kommunikation".

Kommunikation bedeutet, auch im Rahmen der Managementtätigkeit, „Austausch von Information". Dazu bedarf es der Schaffung einer Struktur, die es ermöglicht, eine Information zu übermitteln, guten Empfang zu garantieren und eine Antwort zu erhalten. Damit wird der Gerüchteküche Nahrung entzogen, in der meistens Halbgares verabreicht wird. Als Grundregeln für wirksame Kommunikation gilt:

– jede Botschaft gründlich vorzubereiten,
– sich über das Ziel und die Folgen klar zu sein,
– neben dem Inhalt auch die Form zu beachten,
– sich zu vergegenwärtigen, daß Mißverständnisse unvermeidbar sind,
– auf „Empfangsbestätigung" und Antwort zu dringen,
– sich immer wieder ins Gedächtnis zu rufen, daß Kommunikation keine Einbahnstraße ist,
– daß kurze und prägnante Formulierungen besser „ankommen" als lange, weitschweifige und
– daß man zuhören lernen muß!

Zuhören heißt schweigen, und darauf möchte ich kurz eingehen:

Wir sind durch die Wort- und Geräuschflut, die uns tagtäglich umtost, abgestumpft, Schweigen und Stille nicht mehr gewohnt. Stille wird zwar noch als erholsam empfunden, beispielsweise als wohltuender Kontrast, wenn man nach einem Aufenthalt in einer Umgebung mit hohem Geräuschpegel eine Tür hinter sich schließen kann. Aber Schweigen, wenn andere Menschen um oder bei uns sind, ist für viele schwer zu ertragen, wird als etwas Feindliches, Bedrohliches angesehen – was es ja auch sein kann. Schweigen ist weder leicht zu praktizieren noch zu ertragen.

Schweigen ist aber ein wichtiger Bestandteil der Kommunikation, nämlich in der Form der Pause. Pausen sind unglaublich wirksame Werkzeuge im Arsenal der Sprache. Denken Sie an die Wirkung, ja die Gewalt, die einer Pause innewohnt, wenn sie von einem guten Redner oder einem guten Schauspieler geschickt benutzt wird! Einige Sekunden Pause, Schweigen, Unterbrechung im Redefluß haben eine solch große Wirkung, weil nichts von dem geschieht, was man erwartet, weil wir den Kontrast als Stilelement erleben.

Es gibt aber noch einen anderen Aspekt des Schweigens, den ich erwähnen möchte, den des Tolerierens. Schweigen bedeutet oder kann zumindest ausgelegt werden als Einverständnis. Wenn man mit etwas, das besprochen und beschlossen wird, nicht einverstanden ist, muß man reden. Zu welchem Zeitpunkt man es tut, ist zwar nicht so wichtig (ich kann es beispielsweise vorziehen, einen Kollegen erst nach einer Sitzung auf einen kleinen Fehler aufmerksam zu machen, statt ihn in der Öffentlichkeit bloßzustellen), aber meistens wird im ersten und entscheidenden Moment nicht geredet. Später gibt es dann Hunderte guter Gründe, es auch nicht mehr zu tun.

Zu sehr hat die Mentalität des „Halt Dich da raus" um sich gegriffen. Ich kann Vorsicht in Extremfällen verstehen und akzeptieren. Aber diese Mentalität zeigt sich oft auch in unserem Alltag, im Berufsleben, wo sie nicht gerechtfertigt ist. Wenn Sie mit einer Sache nicht einverstanden sind, dann reden Sie! Und diese Bemerkung schließt an das an, was ich über Loyalität gesagt habe: Wenn Sie im Stadium der Entscheidungsfindung mit einem Argument, einer Begründung, einer Schlußfolgerung nicht einverstanden sind, dann protestieren Sie dagegen, so laut Sie können. Wenn aber die Entscheidung gefallen ist, gibt es nur zwei Möglichkeiten: Entweder Sie können sie akzeptieren, und zwar mit allen Konsequenzen, und hinter ihr stehen, oder Sie können das nicht, dann müssen Sie eben die Firma oder die Gruppe wechseln.

Aber zurück zur Kommunikation. Wenn wir zu den schon erwähnten Grundregeln noch zwei hinzusetzen, dann ist zumindest eine Basis für wirksame Kommunikation gegeben:

1. Haben Sie Respekt vor der Sprache! Benutzen Sie sie bewußt, überlegen Sie ruhig etwas länger, was die Worte, die Sie verwenden, genau ausdrücken und welche Wirkung sie bei Ihren Zuhörern oder Lesern haben könnten. Versuchen Sie aber auch, sich einer gepflegten Ausdrucksweise zu befleißigen. Ich hatte Ihnen geschrieben, daß es in unserem Beruf mehr um die präzise Vermittlung von Information, nicht um epische Breite und künstlerisches Ausschöpfen der Sprache gehe, daß das Resultat unserer Kommunikationsbemühungen eher Prosa als Lyrik sei. Das muß aber durchaus nicht auf Kosten der Sprache gehen. Weder ist es nötig, Fach-Chinesisch zu benutzen, noch das Fach-Chinesisch für Nicht-Chinesen (Nicht-Fachleute) auf den kleinsten gemeinsamen sprachlichen Nenner zu bringen. Und schon gar nicht ist es notwendig, die Sprache zum Beamtendeutsch verkommen zu lassen. Es ist eine Zumutung, nicht nur für Linguisten, gewisse Verordnungen oder Rechtstexte zu lesen. Ich kann mich oft nicht des Gefühls erwehren, daß manche Leute lange grübeln müssen, um auf solch hanebüchenen Formulierungen zu kommen. Und andere wieder müssen dem Grundsatz huldigen, daß dem Menschen die Sprache gegeben ward, um seine Gedanken zu verbergen. Also, schwelgen Sie nicht im Lyrischen, fassen Sie sich kurz, aber respektieren Sie die Schönheit einer Sprache – verhunzen Sie sie nicht!

2. Fragen Sie sich zweimal, ob eine Botschaft, eine Stellungnahme wirklich notwendig ist! Meist sind es die Schwätzer, die predigen: „Reden ist Silber, Schweigen ist Gold." Aber im Schrifttum aller Völker, bis hin zur Bibel, fehlt es nicht an Mahnungen, auch mit der Sprache sparsam umzugehen: „Eure Rede aber sei: ja, ja; nein, nein. Was darüber ist, das ist vom Übel" (Matthäus 5,37). Eine unselige Eigenschaft der Menschen macht es ihnen anscheinend unmöglich, auf etwas, das gesagt oder geschrieben ist, nicht zu reagieren. Reden ist fast Bestätigung des Lebens. Ich rede – also bin ich!

Schweigen kann, wie wir schon festgestellt haben, als etwas Feindseliges angesehen werden. Ein Gespräch verbindet, Kommunikation ist in den meisten Fällen Ausdruck gemeinsamen Denkens oder des Bemühens, solche Gemeinsamkeit zu erreichen. Aber die Flut von Worten, die sich tagtäglich über uns ergießt, ist unerträglich! Sicherlich können wir im Alltag, auch in unserem Beruf, nicht im Telegrammstil miteinander verkehren. Aber lassen Sie uns doch einmal die Frage durchdenken: Warum eigentlich nicht? Ich sehe zwei Hauptgründe:

1. Ein Telegrammstil würde zu leicht zu Mißverständnissen führen. Wenn die Aussage nicht äußerst klar wäre, könnte sie von verschiedenen Lesern oder Hörern unterschiedlich interpretiert werden. Oft ist es nötig, Einzelheiten zur Hauptaussage hinzuzufügen, um die korrekte Interpretation zu erleichtern, Mißverständnissen vorzubeugen, Begründungen zu geben usw. Es ist völlig klar, daß zuwenig Information genauso nutzlos ist wie zuviel.

2. Der zweite Grund scheint mir aber wichtiger: Wir sind verwöhnt worden, alle Kommunikation ausführlich und mit allen Details serviert zu bekommen; das Durchdenken der meisten Kommunikation ist uns abgenommen worden; ja, wir haben sogar die Fähigkeit verloren, sie auf das Wesentliche zu reduzieren. Verstehen Sie mich nicht falsch! Ich sage nicht, daß wir nicht fähig sind, Nachrichten zu verstehen und zu analysieren, aber viele Menschen brauchen den Wortschwall, die fortlaufende Wiederholung, um Nachrichten zu verstehen. Mit einer knappen Formulierung kommen sie nicht zurecht.

Es wird zu viel geredet und zu wenig gesagt, ausgesagt. Denken Sie nur an die sprachliche Akrobatik mancher Politiker, um nichts wirklich zu sagen, oder die nervtötende Redundanz in der Wortsturmflut, die uns tagtäglich erreicht und uns „Land unter!" schreien lassen möchte. Weniger Fülle, um das Wesentliche deutlicher zu machen, ist ein Gebot der Zeit. Wir können und sollen unsere Beiträge zur Kommunikation im Hinblick auf ihre Aussagekraft und Prägnanz prüfen.

Für mündliche (Rhetorik) und schriftliche Kommunikation werden unzählige Kursen angeboten. Nehmen Sie ruhig an einigen teil, sie sind nützlich. Allerdings werden Sie auch erkennen, daß es sich bei den Ratschlägen meist um fast banale, logische Dinge handelt, die man „eigentlich längst wußte". Der Wert eines Kurses liegt darin, diese „bekannten" Dinge im Zusammenhang und in ihrer logischen Folge zu sehen.

Die Ratschläge lassen sich reduzieren auf:
- Hab etwas zu sagen oder bleib still.
- Stimm Deine Botschaft auf Deinen Zuhörer- oder Leserkreis ab.
- Körpersprache ist integraler Bestandteil der Kommunikation.
- Die „Verpackung" ist genauso wichtig wie die Botschaft, aber sie darf nicht Selbstzweck werden.
- Elektronische Hilfsmittel sind notwendig und hilfreich, sie dürfen aber den Vortragsfluß weder bestimmen noch steuern.
- Behandle Dein Publikum mit Respekt – es schenkt Die seine wertvolle Zeit; sei dankbar für Fragen und Reaktionen, sie sind Zeichen von Interesse.
- Übe Deinen mündlichen Vortrag in allen Einzelheiten mehrmals vor dem „Auftritt".
- Laß eine schriftliche Botschaft sich setzen, und prüfe sie vor dem Versand kritisch auf Inhalt und Form.
- Lerne zu akzeptieren, daß sich Mißverständnisse bei der Kommunikation nicht ausschließen lassen.
- Lerne zuhören!

Zum Abschluß dieses Briefes möchte ich Ihnen zwei Beispiele für mögliche Extreme der Kommunikation geben, die Ihnen hoffentlich Spaß machen:

Ein Vertreter bietet einem Bauern neue Rohre für den Stallabfluß an. „Kann ich die Rohre mit Salzsäure putzen?" fragt der Bauer. Der Vertreter zückt eine Broschüre und liest vor: „Versuche unter Laborbedingungen haben die hohe säubernde Wirkung von Salzsäure bestätigt, bei gleichzeitigem Auftreten einer chemischen Reaktion mit den Rohrwänden, die bei exzessivem Gebrauch zu progressiver Verdünnung der Rohrbeschichtung führen könnte."

„Also kann ich die Rohre mit Salzsäure putzen", sagt der Bauer.

Der Vertreter liest weiter:

„Die Rohrverschleißerscheinungen erhöhen sich im direkten Verhältnis zur mit den Rohrwänden in Kontakt kommenden Menge der Salzsäure, wobei natürlich der Grad der Verdünnung bzw. Konzentration der Salzsäure zu berücksichtigen ist."

„Also kann ich bei Salzsäure bleiben", meint der Bauer.

Dem Vertreter steht der Schweiß auf der Stirn, als er weiterliest: „Andere Säuberungspräparate unserer Firma zeigen materialfreundlichere Eigenschaften, wenn auch die Säuberungsintensität der Salzsäure nicht immer erreicht wird ..."

„Ja, soll ich nun Salzsäure nehmen oder nicht?" unterbricht der Bauer.

„Nein!"

„Warum nicht?"

„Weil das Zeug Ihnen in Nullkommanix die Rohre zerfrißt!"

„Aha, nun weiß ich ja Bescheid. Warum haben Sie das nicht gleich gesagt?"

Das zweite Beispiel beschreibt Paul Dirac, den genialen Eigenbrötler, der sein Leben der Suche nach mathematischer Eleganz in den Naturgesetzen widmete. 1933 wurde ihm der Physik-Nobelpreis verliehen. Ihm wurden Lehrstühle aufgedrängt, die er, wie alle Ehrungen, nur ungern annahm (viele wurden ihm in seiner Abwesenheit und ohne seine Einwilligung verliehen), weil ihn alles störte, was ihn im Denken behinderte. Er war wortkarg bis zur Verletzlichkeit. Einmal entspann sich zwischen Kollegen eine angeregte Diskussion über Wissenschaft und Gesellschaft, an der sich Dirac mit keinem Wort beteiligte. Nach seiner Meinung gefragt, antwortete er: „Es gibt immer mehr Leute, die sprechen wollen, als solche, die bereit sind zuzuhören." Ein anderes Mal wandte sich ein französischer Physiker, der kaum des Englischen mächtig war, an Dirac. Geduldig hörte dieser zu, während der Kollege mühsam nach Worten rang. Da kam Diracs Schwester ins Zimmer und fragte etwas auf Französisch, worauf Dirac in derselben Sprache fließend antwortete. Der Besucher reagierte verärgert: „Warum haben Sie mir nicht gesagt, daß Sie Französisch sprechen?" Diracs knappe Antwort: „Sie haben mich nicht gefragt." Er war berühmt für seine klare und prägnante Ausdrucksweise. Während seiner Vorlesungen bemühte er sich, seinen Vortrag so verständlich und deutlich wie möglich darzubringen. Er hielt es indes nicht für vernünftig, die sorgfältig gewählten Sätze nur deshalb umzuformulieren, weil jemand sie nicht verstanden hatte. Mehr als einmal baten ihn Zuhörer, er möge doch etwas noch einmal erklären, wobei sie auf eine weiterführende Erläuterung hofften. Doch Dirac wiederholte gewöhnlich Wort für Wort genau das, was er zuvor gesagt hatte. („Spektrum der Wissenschaft", Juli 7/1993)

Dies, lieber Richard, mehr zur Erheiterung als zur Nachahmung, aber doch mit dem sanften Hinweis, zwischen den beiden Extremen einen Mittelweg zu finden, der für verständliche, aber möglichst prägnante und kurze Darstellung dessen sorgt, was Sie sagen oder schreiben wollen. Auch das kann Spaß bereiten – und den wünsche ich Ihnen.

Übrigens:

Es ist manchmal schwer, einen selbstgeschriebenen Text kritisch zu lesen und zu beurteilen. Nehmen Sie sich deshalb einen beliebigen Text, einen Brief oder den Bericht eines Kollegen vor, und versuchen Sie, diesen zu verbessern, sei es durch eine kürzere, straffere Darstellung, sei es durch Verbesserung der Ausdrucksweise und Gestaltung. Nehmen Sie dabei auch einen Thesaurus zu Hilfe, um Wiederholungen auszumerzen und mehr Farbe in den Text zu bekommen.

Versuchen Sie auch einmal, eine Botschaft, die für einen bestimmten Leserkreis verfaßt wurde, auf eine andere Zielgruppe umzuformulieren – eine sehr nützliche und anregende Übung. Daß Sie Kollegen, deren Texte Sie jetzt vielleicht etwas kritischer lesen, ihre Schwächen nicht unter die Nase reiben sollten, versteht sich doch wohl von selbst, nicht? Wie schreibt doch P. D. Stanhope in „Briefe Lord Chesterfields an seinen Sohn": „Sei klüger als andere, aber sag es ihnen nicht."

Schlaglichter

Kommunikation als Kunst und Verpflichtung, sich kurz, klar und präzise auszudrücken	Ja
Kommunikation = reden	Nein
Kommunikation = Austausch von Informationen	Ja
Kommunikation ohne Aussage (Redundanz)	Nein
Kommunikation = Einbahnstraße	Nein
Die inoffizielle Kommunikationsstruktur (Latrinenpost) existiert nicht	Doch
Körpersprache ist Teil der Kommunikation	Ja
Fehler und Mißverständnisse lassen sich nicht vermeiden	Nein
Zuhören und Schweigen gehören nicht zur Kommunikation	Doch
Hab etwas zu sagen oder sei still	Ja
Gründliche Vorbereitung eines Vortrages muß sein	Ja
Schriftliche Kommmunikation erst entwerfen und „sich setzen lassen"	Ja
Jede Kommunikation den Umständen und dem Empfänger anpassen	Ja
„Das Wort" ist eine gefährliche Tatwaffe	Ja
Sprache hat ein Recht auf Respekt	Ja
Fach-Chinesisch und Beamten-Kauderwelsch sind unvermeidbar	Nein
Kommunikation muß auf Telegrammstil reduziert werden	Nein
Ich rede, also bin ich?	Jein

Siebter Brief:
Karriereplanung – Aus- und Weiterbildung

Der Mensch ist Mittelpunkt!
Der Mensch ist Mittel, Punkt!

Lieber Richard!

Das Motto ist natürlich nur eine Verballhornung des Ausspruchs des griechischen Sophisten Protagoras, der gesagt hat: „Der Mensch ist das Maß aller Dinge." Aber ich dachte, daß es als Motto für das Thema dieses Briefes gut passen könnte, denn es stellt so prägnant den Unterschied heraus, mit dem Manager an die Behandlung ihrer Mitarbeiter herangehen – auch wenn es um die Besprechung ihrer Karriereerwartungen und um ihre Weiterbildung geht.

Daß Sie mit diesen beiden Themen Schwierigkeiten haben, glaube ich Ihnen gern. Sie sind ganz sicher nicht der einzige: Beide Themen sind problem- und fehlschlagträchtig. Aber sie sind es fast ausschließlich, weil sie falsch angegangen werden.

Nehmen wir zuerst die Karriereplanung: Aus der Firmenpolitik sollte deutlich werden, daß

– die Firma Karrieremöglichkeiten bietet und nicht nur „Saisonarbeiter" einstellt;
– exzellente technische Arbeit oder gute Managementleistung Karrieremöglichkeiten eröffnet;
– Beförderungen „von innen" gefördert werden und Mobilität innerhalb der Organisation besteht;
– Beurteilungsgespräche stattfinden, bei denen Karrieremöglichkeiten offen besprochen werden.

Die Wurzel allen Übels im Zusammenhang mit der Karriereplanung, ob von der Seite des Angestellten oder der Organisation gesehen, liegt in der Abwendung von der guten alten Definition „Dienstliche Laufbahn" (Brockhaus 1906) zur Dudendefinition von 1989 „erfolgreicher *Aufstieg* im Berufsleben". Es ist traurig, daß der Begriff „Karriere" zur Meßlatte beruflichen Aufstiegs pervertiert wurde; ich wehre mich gegen die grobe

Vereinfachung der Maßstäbe, bei denen Einkommen als einzige Meßlatte für den Erfolg akzeptiert wird, indem eine Karriere, die nicht steil nach oben zeigt, eben keine Karriere ist, kein Beweis des Erfolges, nicht einmal der völlig „normale" Werdegang eines angepaßten Bürgers.

Der Wert des Schaffens und der Stolz auf das Geschaffene wird verdrängt durch die Wertung und Bewertung des Ergebnisses in Mark und Pfennig. Das Gefühl für den Inhalt der Arbeit wird verdrängt durch den Verstand und die „Vermarktung" des Resultats. Was Schiller im Lied von der Glocke noch sagen kann:

„Das ist's ja, was den Menschen zieret,
und dazu ward ihm der Verstand,
daß er im innern Herzen spüret,
was er erschafft mit seiner Hand",

ist kommerziellem Denken gewichen. Ergebnisorientiertes Management ist gefragt, ganz gleich, wie diese Ergebnisse erreicht werden.

Da produzieren überhöhte Erwartungen der Gesellschaft überspannte Anforderungen des einzelnen an sich und an seine Karriere; und daraus entstehen zum einen der Streß, nicht abzufallen, und zum anderen unrealistische Erwartungen, was Gehälter und Beförderungen angeht. So kommen in unserem Fach Hochschulabsolventen mit dem nötigen Selbstbewußtsein zu uns (zu Recht, denn ihre Ausbildung ist meist sehr gut), aber auch mit der Einstellung, daß diese Gesellschaft ihnen die Einlösung berechtigter Forderungen schuldig ist, daß sie ein Recht auf Arbeit, Einkommen und Karriere haben. Und wenn die Zeiten etwas schwieriger werden, nicht mehr jeder Arbeit nach seinem Geschmack findet, sich nicht jedes Jahr eine Gehaltserhöhung von zehn Prozent oder eine Beförderung einstellt, dann beginnt das große Staunen. „Wieso das denn, das steht mir doch zu?!" Es ist schwer, in dieser „Das-steht-mir-doch-zu-Gesllschaft" Perspektive zu bewahren und Arbeit, Einkommen und Karriere in die richtige Relation zu setzen.

Jeder soll seine Karriere planen können, was letzten Endes nichts anderes bedeutet, als sein Leben zu planen. Und wer genug Ambitionen, das entsprechende Können, den nötigen Mut und das Durchsetzungsvermögen hat, der soll, kann und wird Karriere machen. Es wird wahrscheinlich eine Karriere sein, die dem entspricht, was unsere Gesellschaft fordert und erwartet. Wer damit glücklich wird – um so besser! Nur wäre es schön, wenn wir mehr junge Leute davor bewahren könnten, aus der „rat-race-Mentalität" heraus eine Karriere anzustreben, die weder ihrem Können noch ihrer Neigung entspricht. Über die Folgen von Beförderungen beim institutionalisierten Peter-Prinzip haben wir ja schon gesprochen. Wenn doch nur mehr das Motto beherzigten: „Tu', was Du nicht lassen kannst, aber laß' auch, was Du nicht tun kannst."

In vielen Publikationen der letzten Jahre kommt wieder eine Forderung hinzu, die durch den Verfall vieler ethischer Prinzipien, vor allem in den 80er Jahren, an Bedeutung gewinnt: Ethik, moralische Prinzipien müssen zurückgeholt werden in das tägliche Leben in den Managementetagen. Rücksichtsloses, skrupelloses Profitstreben kann nicht mehr toleriert werden, weder als individueller Karriere-Maßstab, noch als Firmenziel im gesellschaftlichen Verband. Es ist in diesem Zusammenhang interessant, daß die Harvard Business School, die amerikanische Management-Kaderschmiede, als Reaktion auf die skandalösen Auswüchse der 80er Jahre schon 1988 ein Programm eingeführt hat, das sicherstellen soll, daß Ethik nicht nur als mehr oder weniger interessantes philosophisches Nebenfach gelehrt wird, sondern als ein fachübergreifendes Prinzip, das dazu führen soll, daß die Absolventen der Schule mit dem Verantwortungsbewußtsein ausgerüstet werden, den Forderungen der Gesellschaft und unserer Zeit gerecht zu werden, „den Studenten zu helfen, ihre Fähigkeit zu großer Leistung zu verbinden mit zielgerichtetem Handeln auf der Basis ethischer Grundsätze, mit dem Wissen um eine moralische Verpflichtung in einem komplexen Zusammenhang" („Can Ethics Be Taught?" – T. R. Piper, M. C. Gentile, S. Daloz Parks – Harvard Business School 1993).

Inzwischen werden zwar Kurse über „business ethics" angeboten wie Sand am Meer, aber wir sind noch meilenweit davon entfernt, derartige Prinzipien fest in den Lehrplan von Schulen und Universitäten einzubauen. Und ebensoweit sind wir davon entfernt, daß man etwa in Industrie und Wirtschaft bei Neueinstellungen nach derlei Charaktereigenschaften fragt – die Nachfrage würde das Angebot regeln! Stattdessen suchen die Firmenleitungen Mitläufer und nicht etwa „Querköpfe", Charaktere, die vielleicht an der Vorgehensweise der Firma Kritik üben könnten. Aber davon später mehr.

Was können Sie nun tun, um überhöhte Karriereforderungen auf das richtige Maß zurückzuschrauben oder Mitarbeitern, die Sie um Rat bitten, zu helfen?

Denn um Rat fragen werden sie früher oder später, und Sie sollten dann nicht die üblichen Ausreden gebrauchen, von „ich habe schon genug zu tun" über „ich bin kein Psychologe oder Berufsberater" bis zu „das ist eine persönliche Angelegenheit, die muß er mit sich selber ausmachen". Zwingen Sie Ihre Mitarbeiter aber auch dazu, ihre Lage kritisch und gründlich zu analysieren und selbst Karrierevorstellungen auszudrücken und zu begründen. Das Beurteilungsgespräch bietet eine gute Gelegenheit dazu. Und dabei wird natürlich die Frage nach den Karrieremöglichkeiten in der Firma auftauchen.

Da gibt es nur eins: Sprechen Sie ehrlich mit Ihren Leuten! Das klingt zwar banal – aber es ist verdammt schwer in der Praxis, wie Sie selbst erkennen werden. Und doch muß es sein! Überlegen Sie sich vorher genau, was Sie anbieten können und was nicht; und versichern Sie sich bei Ihren eigenen Vorgesetzten, daß Ihre Einschätzung richtig ist. Niemand erwartet, daß Sie auf Jahre hinaus voraussagen, welcher Ihrer Leute wann eine Beförderung verdient oder einen neuen Posten bekommen wird. Aber Sie sollten den Leuten nicht etwas versprechen, das nicht eingehalten werden kann. Genausowenig sollten Sie Ihren Mitarbeitern sagen, es gäbe überhaupt keine Karriere für Sie. So etwas kann nur ungefähr festgelegt werden, nachdem Sie mit jedem Mitarbeiter durchgesprochen haben, welche Art von Karriere er (berechtigt oder unberechtigt) anstrebt.

Das ist ein Gespräch, das Zeit kosten wird, für das Sie sich aber auch Zeit nehmen sollten! Das Thema braucht dann nicht täglich wieder aufgerührt werden, es muß aber einmal diskutiert und ausdiskutiert werden. Um dieses Gespräch kommen Sie nicht herum. Nur Mut! Klarheit wird letzten Endes auch von Ihren Mitarbeitern einem Blindflug vorbei an Wolkenkuckucksheimen vorgezogen werden! Und sogar brutale Offenheit ist besser als Lobhudelei. Der Kabarettist Dieter Hildebrandt sagt über Chefs: „Manchmal muß man als Chef seine Mitarbeiter vor den Kopf stoßen – damit sie lernen, ihn zu gebrauchen." Und wenn Sie Ihren Leuten ganz klar gesagt haben, „das ist drin, mehr nicht", dann verlangen Sie, daß sie sich dazu äußern! Entweder sie akzeptieren die Situation, können sie in ihren Karriereplan einbauen, oder sie können es nicht, dann müssen sie gehen. Das sollten Sie ihnen aber auch sagen.

Was nun die Aus- und Weiterbildung angeht, so muß ich leider mit einer bitteren Erkenntnis beginnen: Ich bin mehr und mehr zu der Überzeugung gelangt, daß der größte Teil der Kosten für teure Trainingsprogramme aus dem Fenster geworfenes Geld ist! Das klingt hart, aber um den heißen Brei herumzureden, bringt uns nicht weiter – und darum wiederhole ich: Viele Firmen und Organisationen könnten eine Unmenge Geld sparen, wenn sie auf die Ausbildungsmaßnahmen verzichteten, die doch zu nichts führen. Ich werde das gerne genauer erklären:

Die Aus- und Weiterbildung von Mitarbeitern ist integraler Bestandteil der Managementtätigkeit und außerdem ein wichtiger Motivationsfaktor. Ein Ausbildungsprogramm für Ihre Mitarbeiter muß sich an den langfristigen Zielen der Firma orientieren und ihm müssen eine Bedarfsanslyse und eine Kompetenz-Inventur vorausgehen. Es sollte

– in erkennbarer Verbindung mit den Firmenzielen stehen,
– mit den Mitarbeitern besprochen und von ihnen voll akzeptiert, das heißt, als für ihre Laufbahn nützlich anerkannt werden,
– Kriterien enthalten, wie die Resultate und die zukünftige Leistung gemessen werden sollen,
– nicht zu allgemein, sondern möglichst „maßgeschneidert" auf die spezifischen Bedürfnisse des jeweilige Mitarbeiters oder der Gruppe zugeschnitten sein,
– die Möglichkeit gewähren, das Gelernte auch anzuwenden.

Wenn die Ausbildungsmaßnahmen fachorientierter Art sind, bieten sie auf unserem Fachgebiet meist keine Schwierigkeiten, weil sie von den meisten Mitarbeitern selbst angestrebt werden. Wenn es aber um Themen geht, die versuchen sollen, beispielsweise Managementfähigkeiten zu vermitteln, führen sie meistens zu nichts. Sie werden zwar vom Trainingsbeauftragten oder einer Beraterfirma mit den besten Absichten eingeleitet und von den Mitarbeitern oft auch mit großer Begeisterung angenommen, aber es kommt nicht zur Umsetzung, die Wirkung geht nicht über die unmittelbare Zeit nach dem Kurs hinaus. Warum nur?

Eine Firma oder Organisation mit mehreren Hundert oder gar Tausend Angestellten auf einen neuen Kurs zu zwingen – das heißt, neue Managementmethoden einzuführen, die gesamte Führungsschicht neu auszurichten, einen anderen Stil oder ein anderes „System" anzuwenden –, ist eine Herkulesarbeit, die nur in extremen Notsituationen (beispielsweise wenn eine Firma vor dem Zusammenbruch steht) und unter einer eisernen Führung eine gewisse Aussicht auf Erfolg hat. Lee Iacocca bei Chrysler und vielleicht zur Zeit

Lopez bei VW standen oder stehen vor solchen Aufgaben. Und die Extremsituation gibt ihnen die Möglichkeit, auch mit extremen Maßnahmen vorzugehen, die im günstigen Fall zu Extrem-Erfolgen führen.

Aber der Versuch, eine „normal" laufende Organisation oder Firma mit neuen Managementmethoden vertraut zu machen, um die Effizienz zu erhöhen, ist fast aussichtslos, es sei denn, die Firmenspitze ist von der Notwendigkeit überzeugt, ordnet diese Maßnahme selbst an und ist bereit, die Zeit zu opfern, um die Durchführung zu kontrollieren. Aber da wird es eben eng! Das gesamte Top-Management muß dahinterstehen, selbst bereit sein, alte und liebgewordene Gewohnheiten über Bord zu werfen, sich der Disziplin einer neuen Methode zu unterwerfen. Wenn das nicht der Fall ist, dann hilft alles nichts. Die Methode kann noch so gut sein, die Anstrengungen der Beraterfirma können im besten Glauben und nach bestem Wissen und Gewissen durchgeführt sein; das Neue wird nicht greifen, wenn nicht der konsequente Wille der Firmenleitung dahinter steht, die auch bereit sein muß, anfängliche Fehlschläge bei den ersten Einführungshürden hinzunehmen. Das bedarf eines langen Atems, enormer Weitsicht, großer Ausdauer und vor allem der persönlichen Überwachung. Und welcher geplagte Top-Manager kann sich die Zeit leisten, die dafür nötig ist, es sei denn, das Wasser steht ihm schon bis zum Hals?

Wenn man einzelne Manager zu Ausbildungskursen schickt, bei denen es um Managementthemen geht, kann das natürlich für den einzelnen durchaus nützlich sein. Er wird vielleicht sogar irgendwann im Laufe seiner Karriere in der Lage sein, das eine oder andere in der Praxis anzuwenden. Aber das meiste wird wirkungslos verpuffen, weil einer allein neue Maßnahmen nicht erproben kann – und was man nicht übt, das verlernt man. Für die Firma ist der Nutzen derartiger Kurse folglich ebenfalls gleich Null.

In meinen Augen bietet sich auf dem Gebiet der Fort- und Weiterbildung in Industrie und Wirtschaft ein trauriges Bild: Fortbildungsmaßnahmen werden nicht im Einvernehmen mit dem Angestellten aufgrund tatsächlich ermittelter Bedürfnisse getroffen, sondern weil ein Budget „verbraten" werden muß. So floriert zwar das Geschäft der Ausbildungsinstitute, der Nutzen für die einzelnen Teilnehmer, vor allem aber für die Firmen, ist dürftig. Milliardenbeträge werden jährlich in Fortbildungsmaßnahmen gesteckt; kein Angebot ist unsinnig genug, als daß es nicht verkauft werden könnte! Vom Überlebenstraining bis zur Meditation machen Manager alles mit, in der verzweifelten Hoffnung, die „Wunderwaffe" für erfolgreiche Führung zu finden. Aber das Wichtigste wird immer wieder vergessen: die Grundlage! Die Grundlagen des Managements sollten von jedem Management-Neuling beherrscht werden – und so sie das nicht werden, müssen sie gepaukt werden. Erst dann kann man an den Ausbau, die Vertiefung in einzelnen Fachgebieten gehen. Man kann doch von jemandem, der mit Harmonielehre anfängt, nicht nach der ersten Stunde verlangen, ein Oratorium für Orgel, Orchester und zwei gemischte Chöre zu schreiben!

Daran krankt im Grunde die Weiterbildung und vor allem die Managementausbildung. Deswegen könnte soviel Geld gespart und sinnvoller angelegt werden. Es ist auch typisch für diese Malaise, daß einer der ersten Posten, der in schweren Zeiten gestutzt oder gestrichen wird, der Budgetposten „Ausbildung" ist. So etwas kann man sich dann nicht leisten – dabei wäre es gerade in schwierigen Zeiten nötig, die Leute auf höhere Effizienz und Wirksamkeit und damit auf bessere Arbeitsmethoden zu „trimmen". Aber das ist in solchen Zeiten in den Augen der Leitung ein „Luxus", den man sich eben nicht mehr leisten kann.

Selbst bei Kursen, die von einzelnen in Teilen umgesetzt werden könnten, ist der Langzeiteffekt oft gering, weil durch Vorgesetzte nicht konsequent auf die Anwendung des Gelernten geachtet wird. Und ohne ständige Übung verflüchtigen sich gelernte Dinge wahnsinnig schnell – da ist es eben nicht wie beim Fahrradfahren. Was können nun Sie armer Manager, dem ein Trainingsbudget zur Verfügung steht, tun?

- Konzentrieren Sie sich auf die fachliche Weiterbildung Ihrer Mitarbeiter, sorgen Sie also dafür, daß das Fachwissen immer auf dem neuesten Stand ist. Die Opernsängerin Anna Moffo sagt: „Es hat keinen Sinn, vor dem Singen zu beten, denn wenn man nicht singen kann, hilft auch das Beten nichts."
- Denken Sie, wenn es um allgemeinere Themen geht, an den persönlichen Nutzen, den der einzelne daraus ziehen kann. Jeder kann in solchen Kursen etwas lernen und durchaus in der Lage sein, seine eigene Arbeit besser zu planen und durchzuführen. Geben Sie ihm dann aber auch die Möglichkeit, das zu tun, und fassen Sie immer wieder nach, ob die Kursinhalte frischgehalten werden.
- Wenn Sie in Ihrer Gruppe eine neue Methode einführen oder auch nur gewisse Dinge, wie zum Beispiel die Problemanalyse, einheitlich ange-

hen wollen, besprechen Sie mit Ihren Leuten, wie Sie es machen wollen, und lassen Sie, wenn Ausbildungsmaßnahmen nötig sind, alle daran teilnehmen, die betroffen sind.
– Wenn Sie jemanden zu einem Kurs schicken, stellen Sie sicher, daß derjenige oder diejenige selbst von der Nützlichkeit der Maßnahme überzeugt ist, sie als Teil der Karriereplanung erkennt, weiß, welche Resultate erwartet werden und wie diese gemessen werden sollen.

Aus- und Weiterbildung ist eine schöne Sache – wir sollten fortlaufend lernen und uns beruflich weiterentwickeln – eigentlich solange wir arbeiten. Aber Weiterbildungsmaßnahmen in einem Unternehmen sind ohne flankierende Maßnahmen in den meisten Fällen sinnlos. Überlegen Sie deshalb genau, wofür Sie das Trainingsbudget verwenden. Die Antwort auf die Problematik der Aus- und Weiterbildung ist nicht das Streichen sämtlicher Kurse – es ist die sinnvolle Verwendung und vor allem die Umsetzung des Gelernten im täglichen Arbeitsrahmen. Wenn Sie Ihren Mitarbeitern dabei helfen, tun Sie wirklich etwas für Ihre Leute – und wenn Sie das nicht können, dann streichen Sie die Kurse, und damit tun Sie etwas für Ihre Firma. Vergessen Sie aber auch nicht: Das einzige, was noch teurer ist als Ausbildung, ist nicht auszubilden!

Übrigens:

Zum Kapitel Karriere: Jeder Ihrer Mitarbeiter sollte das Peter-Prinzip kennen – und Sie sollten jeden immer wieder daran erinnern und jedem helfen, immer wieder zu prüfen, ob das Karrieredenken auf der richtigen Bahn und nicht auf der mit der Endstation „Inkompetenz" liegt. Helfen Sie aber Ihren Leuten dabei, über ihre Zukunft nachzudenken. Wie sagt doch Dagobert D. Runes so schön in „A Book of Contemplation": „Wenn Du selbst nichts mit Dir anfangen kannst, werden andere nicht besser fahren".

Schlaglichter

Karriereplanung = Lebensplanung	Ja
Karriere	Ja
Karriere um jeden Preis, auf Kosten von Familie und Gesundheit	Nein
Karriere muß Aufstieg in der Firmenhierarchie bedeuten	Nein
Karriere heißt, bis zum Niveau der Inkompetenz aufsteigen	Nein
Karriere heißt, das, was man kann, immer kompetenter tun	Ja
Karriere heißt, Verantwortung und Pflichten übernehmen	Ja
Karriere machen heißt, seine Ellenbogen gebrauchen	Nein
Karriere machen heißt, Ansehen als Spezialist gewinnen	Ja
Karriere = Weiterentwicklung	Ja
Der Vorgesetzte muß Karrieremöglichkeiten aufzeigen	Ja
Die Firma schuldet dem Angestellten eine Karriere	Nein
Tu', was Du nicht lassen kannst – laß', was Du nicht tun kannst	Ja
Das Beurteilungsgespräch erfordert einen Psychologen	Nein
Aus- und Weiterbildung sichern den Personalbedarf von morgen und sind Teil der langfristigen Firmenstrategie	Ja
Aus- und Weiterbildung	Ja
Aus- und Weiterbildung als Belohnung und Betriebsausflug	Nein
Aus- und Weiterbildung der Mitarbeiter ist integraler Bestandteil der Managementtätigkeit	Ja
Weiterbildungsmaßnahmen mit Eintagsfliegeneffekt	Nein
Nicht aus- und weiterbilden spart viel Geld	Nein
Aus- und Weiterbildung kommt hauptsächlich den Trainingsinstituten zugute?	Jein

Achter Brief:
Wir und die Zeit

*Manche Leute
sind dermaßen beschäftigt,
daß sie gar nicht
zum Arbeiten kommen.*

Lieber Richard!

Sie kommen nochmals zurück auf den Zeitdruck. Die „Zeit" ist ein Thema, das wir bei unserer bisherigen Korrespondenz nicht genug berücksichtigt haben, oder besser gesagt, der optimale Gebrauch der uns zur Verfügung stehenden Zeit. Lassen Sie uns das nachholen und diesen Brief dem sogenannten „Time Management" widmen. Dies ist natürlich im Grunde ein unsinniger Begriff, denn das, was sich nun wirklich jeglichen Managements entzieht, ist die Zeit! Sie rinnt, ob wir sie nun nutzen oder nicht. Unser Tag hat 24 Stunden, und er kümmert sich nicht darum, ob wir damit genug haben.

Wir müssen uns unser Tagewerk also so einrichten, daß die Zeit optimal genutzt wird. Wie? Hier sind einige Tips, die dieses Thema zwar nicht erschöpfend behandeln, Ihnen aber dabei helfen können, mit Ihrer Zeit etwas besser zurechtzukommen:

1. Die meisten Menschen können nur ein Ding auf einmal tun (es soll Ausnahmen gegeben haben, aber die wollen wir aus dem Spiel lassen). Konzentrieren Sie sich also immer nur auf eine Aufgabe. Behalten Sie nur das auf Ihrem Schreibtisch, womit Sie sich beschäftigen wollen und müssen. Vermeiden Sie, sich durch den Anblick (unerledigter) Aktenstapel unter Streß zu setzen.

2. Halten Sie sich den Tisch frei, halten Sie Ordnung. Es heißt zwar: „Ordnung ist die Unordnung, an die wir uns gewöhnt haben", aber Ordnung hilft uns, effizienter zu arbeiten. Sichten Sie einmal alles, was jetzt auf Ihrem Schreibtisch liegt, und fragen Sie sich, ob diese Dinge dort wirklich liegen müssen. Verbannen Sie die Unterlagen, die nicht unbedingt täglich gebraucht werden, von der Tischplatte. Verbannen Sie

aber auch alles aus den Schubladen Ihres Schreibtisches, was Sie nicht mehr oder weniger regelmäßig für Ihre Tagesarbeit brauchen, in Schränke. Und bevor Sie den Kram dort stapeln, fragen Sie sich, ob Sie ihn dort brauchen. Eine der wichtigsten Ablagen ist der Papierkorb!

Wenn Sie etwas monatelang nicht angerührt haben, kann es nicht sehr aktuell sein. Entweder, Sie legen es in der Ablage P (Papierkorb) ab, oder Sie geben es Ihrer Sekretärin zur Ablage. Ihre Sekretärin muß dafür verantwortlich sein, daß sie Ihnen die Unterlagen, die Sie brauchen, auf Anfrage vorlegt, und zwar vollständig. Vermeiden Sie das Hobby vieler Manager, die Ablage (sicherheitshalber) zu duplizieren und Kopien von allen „wichtigen" Papieren bei sich selbst aufzubewahren!

3. Sortieren Sie die eingehende Post nach Dringlichkeit – eventuell zusammen mit Ihrer Sekretärin, damit sie Ihnen diese Arbeit irgendwann einmal abnehmen kann:

   – das, was sofort erledigt werden muß,
   – das, was zwar wichtig ist, aber auch morgen noch erledigt werden kann,
   – das, was Sie machen wollen (oder sogar müssen), sobald Sie die Zeit dazu finden.

   Vergessen Sie nicht, schon jetzt Ihren Papierkorb zu bestücken, und seien Sie besonders vorsichtig mit dem dritten Stapel. Das „gelegentlich" wird leicht zum Staubfänger!

   Die Stapel müssen Sie natürlich jeden Tag kurz durchsehen und möglicherweise neu ordnen. Dies klingt nach sehr viel Hin-und-Herschieben von Papier. Das ist es aber nicht, braucht es jedenfalls nicht zu sein – Sie können das in weniger als einer Minute erledigen. Vergessen Sie nicht, jeweils möglichst nur einen Vorgang auf Ihrem Tisch zu lassen, die anderen Stapel „griffbereit" anderswo.

4. Fragen Sie sich immer wieder, ob Sie die Dinge, die Sie vorhaben, wirklich selbst tun müssen. Können Ihre Mitarbeiter sie nicht (fast) genauso gut erledigen?

5. Vermeiden Sie es, eine Angelegenheit mehrmals anzufangen. Nehmen Sie ein Papier oder einen Vorgang möglichst nur einmal in die Hand – und erledigen Sie ihn. Dies scheint Punkt 3 zu widersprechen (Unter-

lagen immer wieder nach Dringlickeit ordnen), bedeutet hier aber, einen Vorgang, wenn er einmal angefangen worden ist, auch zu Ende zu führen und sich nicht durch etwas Dringlicheres oder Interessanteres dauernd in der Erledigung unterbrechen zu lassen.

6. Vermeiden Sie es, Dinge vor sich herzuschieben. Halten Sie sich an die Einteilung, die Sie Ihrer Arbeit gegeben haben. Das, was dringend ist, muß nun einmal dringend erledigt werden. Allerdings müssen Sie immer wieder überprüfen, ob die Reihenfolge der Dringlichkeit noch richtig ist, und genug Flexibilität haben, sie zu ändern, wenn das nötig ist.

7. Lernen Sie unterscheiden zwischen „dringend" und „wichtig". Längst nicht alle dringenden Arbeiten sind auch wichtig – ja, die dringenden Aufgaben halten uns oft von den wichtigen ab. Wer sich nur von Dringlichkeiten leiten oder sogar drängen läßt, geht in Geschäftigkeit unter, wird vom Krisenmanagement in Atem gehalten und kommt gar nicht zum Wichtigen. Abstand halten zu den Problemen und zum Zeitdruck ist das Motto. Darin liegt für mich der Schlüssel zu erfolgreichem Time Management, gerade in einer hektischen Zeit, die an das Anpassungsvermögen und die Flexibilität des einzelnen höchste Anforderungen stellt.

8. Erledigen Sie unangenehme Aufgaben zuerst! Wir alle haben die Tendenz, unangenehme Dinge auf später zu verschieben und erst einmal die angenehmen zu erledigen, manchmal mit der Ausrede, daß wir eine Anlaufzeit brauchen. Dabei ist es interessant zu beobachten, daß die schwierigen oder unangenehmen Dinge sich in den meisten Fällen als gar nicht so schwierig und unangenehm herausstellen, wie sie aussehen – wenn wir sie nur einmal angepackt haben. Man ist dann selbst erstaunt, wie schnell man das Unangenehme hinter sich gebracht hat. Außerdem gibt die Erledigung einer schwierigen Arbeit ein Gefühl höchster Befriedigung!

9. Vermeiden Sie Sitzungen, die nicht gut vorbereitet sind, sich unnötig in die Länge ziehen, keinen „praktischen Nährwert" haben. Sitzungen und Besprechungen sind eines der zeitraubendsten Gesellschaftsspiele unter Managern; statistisch gesehen verbringen sie durchschnittlich 40 Prozent ihrer Zeit damit. Ich bin überzeugt, daß der größte Teil aller Sitzungen zeitlich gestrafft werden könnte. Eine klare Zielsetzung, eine klare Tagesordnung, gute Vorbereitung und zügige Verhandlungsleitung

sollten eigentlich selbstverständlich sein. Seltsamerweise haben ich selten an Sitzungen teilnehmen dürfen, in denen diese Selbstverständlichkeiten beachtet wurden.

10. Vermeiden Sie Hast! Napoleon soll seinem Kammerdiener gesagt haben: „Ziehe mich langsam an, ich habe es eilig!" In der Hast werden die wichtigsten Dinge vergessen, übersehen, verloren. Hast ist eine Form milder Panik. Bringen Sie Ruhe in Ihre und die Arbeit Ihrer Leute.

11. Legen Sie sich eine „Wiedervorlage-Mappe" an, eine Mappe mit von 1 bis 31 numerierten Blättern, in die Sie die Briefe oder auch Notizen legen, mit denen Sie sich an einem bestimmten Tag beschäftigen wollen oder müssen. Dies entlastet Ihr Gedächtnis und hält es frei für wichtigere Dinge.

12. Legen Sie hin und wieder eine Pause ein! Wenn Sie konzentriert arbeiten, brauchen Sie gelegentlich eine Erholungspause. Ob Sie in dieser Pause spazierengehen (dabei vielleicht sogar das Angenehme mit dem Nützlichen verbinden und Ihre Leute oder auch eine andere Abteilung in der Firma besuchen), mit Ihrer Sekretärin eine Tasse Kaffee trinken, die Beine hochlegen und die Augen zumachen, etwas lesen oder sonst etwas tun, ist völlig unwichtig – schalten Sie aber für eine kurze Zeit ab. Anschließend können Sie mit neuer Energie und Konzentration weitermachen.

Und mit diesem letzten Punkt möchte ich mich etwas ausführlicher beschäftigen:

Als Manager müssen Sie arbeiten, sogar hart arbeiten! In Ihrer Stellung ist es nicht mit dem Acht-Stunden-Tag getan. Aber der 16-Stunden-Tag, siebenmal in der Woche, ist nicht die Antwort. Arbeit ist gesund; auch harte Arbeit ist gut, sie schadet nicht – sofern sie nicht zur Sucht wird. Dann ist sie eine Krankheit und kann, wie jede Krankheit, tödlich sein. Treffen Sie einige vorbeugende Maßnahmen:

– Schalten Sie ab! Wann immer Sie aus der Firma gehen, machen Sie die Tür bewußt hinter sich zu, und setzen Sie nicht die Bürotätigkeit zu Hause fort. Eine kleine Geschichte mag Ihnen erläutern, was ich meine: Ein Manager steht am Samstag nachmittag auf dem Golfplatz und will gerade seinen ersten Schlag tun, als ihm jemand aufgeregt ein Telegramm überreicht. Der Mann setzt ab, liest das Telegramm, steckt es ein, holt zum ersten Schlag aus und murmelt: „Werd ich mich aufregen – am Montag!"

- Seien Sie Ihrer Familie gegenüber fair! Ihre Familie hat ein Anrecht auf Sie, Ihre Zeit, Ihre Zuwendung. Nichts ist so wichtig, daß es über Ihre Familie gestellt werden sollte, und keine Geschäftsverpflichtung rechtfertigt Ihren Herzinfarkt. Wenn es Ihnen lieber ist, kann ich es auch sehr nüchtern formulieren: Sie und Ihre Mitarbeiter sind teure Investitionen, Ressourcen, die gepflegt und „gewartet" werden müssen wie jede Maschine. Sie leisten sowieso schon rein physisch weit mehr als jede Maschine. Aber vor allem braucht Ihre Familie Sie, und Sie haben ihr gegenüber mindestens eine genauso große Verpflichtung wie gegenüber Ihrer Firma.

- Schaffen Sie sich Ausgleich! Wenn Sie ein Hobby haben, pflegen Sie es. Und wenn Sie keines haben, suchen Sie sich eines, und pflegen Sie es dann! Ob Ihr Hobby Sport ist oder Briefmarkensammeln, ist völlig zweitrangig – obwohl Sport wahrscheinlich gesünder ist. Sie sollten auf jeden Fall etwas haben, das als Gegengewicht gegen den Streß des Berufslebens wirken kann. Dieser Ausgleich kommt Ihrer Arbeit nur zugute.

Natürlich ist mit diesen wenigen Sätzen das Thema „Zeitmanagement" nicht erschöpfend behandelt. Machen Sie ruhig einmal einen Kurs zu diesem Thema mit, man bekommt dabei wertvolle Tips, die die obigen ergänzen. Aber ich glaube, das Wichtigste, der Schlüssel zum optimalen Gebrauch seiner Zeit, ist einfach die Erkenntnis, daß die Zeit, eine unserer wertvollsten Ressourcen, unerbittlich verrinnt, durch nichts aufzuhalten ist. Verstrichene Zeit ist vergangen – und wenn sie nicht genutzt worden ist, ist es wirklich verlorene Zeit.

Das sollte uns nicht in Panik bringen und zu hektischer Betriebsamkeit treiben! Wir sollten eher dahin kommen, jeden Teil dieser Zeit bewußt zu leben. Das schließt ein, daß wir, wenn wir „nichts" tun, es bewußt tun und nicht nur, weil wir mit der Zeit nichts Besseres anzufangen wissen; daß wir konzentriert, eben bewußt arbeiten, aber dann auch das tun, was neben der Arbeit unser Leben füllt. „Ein jegliches hat seine Zeit..." lesen wir schon in der Bibel (Prediger, 3.1.). Unsere Altvorderen haben uns manche Weisheit hinterlassen – wir beachten sie nur nicht genug.

Vom Thema Zeit lassen sich gut Brücken schlagen zu anderen Themen, die mit Ihrer Arbeit zusammenhängen.

Als Manager wirklich effizient zu arbeiten bedeutet:
- zwischen produktiver und unproduktiver Arbeit zu unterscheiden;
- Prioritäten zu setzen: das Erste zuerst zu tun (und das Zweite überhaupt nicht);
- auf Qualität statt auf Quantität zu setzen;
- Zeit-Reserven in Ihren Plan einzufügen;
- als Kontrollfrage nicht: „Wann sind Sie fertig", sondern „Haben Sie schon angefangen" zu fragen;
- zu lernen „nein" zu sagen, wenn Ihrem Team zu viel Arbeit zugemutet wird;
- realistische Termine zu setzen und sie einzuhalten;
- realistische Ziele zu setzen (Streß kommt nicht von den Dingen, die Sie getan, sondern von denen, die Sie nicht getan haben);
- erfolgsorientiert zu arbeiten und nicht nur beschäftigt zu sein;
- das, was zu tun ist, jetzt zu tun (viele Papiere rutschen aus dem „Wichtig"-Stapel in einen anderen, unsichtbar beschriftet „zu schwierig"!);
- auch seine Mitarbeiter zum optimalen Gebrauch ihrer Zeit anzuhalten und, wenn es sein muß, auszubilden;
- Krisen mit Gelassenheit anzugehen, denn Überreaktion machen sie meist nur schlimmer;
- die Organisation und den Informationsfluß auf „Zeitsparen" auszurichten und zu trimmen.

Übrigens:

Fleißig sein ist schön und wird sicher von Ihren Vorgesetzten geschätzt. Aber der Erfolg Ihrer Arbeit wird nicht daran gemessen, ob Sie fleißig sind und sich laufend die Nachtstunden mit Arbeit um die Ohren schlagen, sondern ob Sie das, was Ihnen als Aufgabe übertragen wurde, erledigt haben. Darum geht es! Es mag Sie trösten zu hören, daß auch Menschen in sehr hohen Positionen vor diesem Dilemma stehen: Zu Anfang der Amtszeit von Präsident Clinton warf ihm eine Zeitschrift in einem Kommentar vor: „Er arbeitet, als müsse er wie ein Student gute Noten für Fleiß sammeln, statt sich auf die Erledigung einiger wichtiger Dinge zu konzentrieren." Mal sehen, ob wir es besser können?!

Schlaglichter

Zeit „ißt" Geld	Ja
Zeitdruck ist unvermeidbar	Ja
Zeitdruck ist unvermeidbar	Nein
Ordnung ist die Unordnung, an die wir uns gewöhnt haben	Nein
Alles, was wichtig ist, muß zur Hand sein	Ja
Alles, was wichtig sein könnte, muß auf dem Tisch liegen	Nein
Der Papierkorb ist die wichtigste Ablage	Ja
dringend = wichtig	Nein
Delegieren bringt Zeitgewinn	Ja
Durch Aufschieben erledigen sich viele Dinge von selbst	Nein
Unangenehme Dinge soll man zuerst angehen	Ja
Erfahrene Manager machen mehrere Dinge gleichzeitig	Nein
Pausen können wir uns nicht leisten	Doch
Arbeitssucht ist eine unvermeidbare Managerkrankheit	Nein
Aufregung ist gut – wenn man sie verschiebt	Ja
Operative Hektik ist Zeichen geistiger Windstille	Ja
Unproduktive Arbeit ist Zeitverlust	Ja
Als Manager muß man Prioritäten setzen können	Ja
Termindruck ist der Gashebel für Effizienz	Nein
Streß ist ein Statussymbol	Nein
Fleiß ist Voraussetzung für jede Managementkarriere?	Jein

Neunter Brief:
Motivation und Beurteilung

> *Die Leute bitten um Kritik,*
> *aber Sie wollen nur Lob hören.*
> W. Somerset Maugham

Lieber Richard!

Lassen Sie uns Beurteilung und Motivation in diesem Brief zusammen bearbeiten, die beiden Themen gehören sowieso zusammen, so, wie eigentlich auch Karriereplanung und Weiterbildung dazugehören.

Was sind die typischen Probleme, die sich bei Motivation und Beurteilung ergeben, und was kann man zu ihrer Beseitigung tun? Warum klappt es mit der Motivation, mit dem Klima oft nicht so recht – und oft gar nicht? Warum herrscht soviel „miese Stimmung" in allen möglichen Gruppen, Abteilungen, Betrieben? Manchmal kann solch ein Klima aus Existenzangst entstehen. Wenn eine Firma oder gar ein ganzer Wirtschaftszweig in der Krise steckt, ist es nicht ganz leicht, gute Laune zu behalten. Oft zeigt sich aber gerade in Krisensituationen, welches Klima in einem Betrieb oder auch nur einer Abteilung herrscht! Dies sind aber Extremsituationen, die wir im Moment beiseite lassen wollen.

Bleiben wir bei den völlig normalen „Wetterbedingungen", der „dicken Luft", die wie Smog in den Gängen und Büros hängt und das Atmen schwermacht. Sie ist immer hausgemacht, und ihre Ursache kann fast immer auf einen oder einige Leute zurückgeführt werden. Ungünstige Umweltbedingungen, eine schlechte Organisation, mangelhafte Kommunikation, Mißtrauen usw. sind ja letzten Endes nur die äußeren Symptome für mangelhaftes Management. Und das wird von einzelnen Personen praktiziert, und damit sind es Personen, die für die Mißstände verantwortlich sind, durch das, was sie tun, wie auch durch das, was sie nicht tun.

Ich möchte zu diesem Punkt Günter Oggers Gedanken zusammenfassen („Nieten in Nadelstreifen"): Gutes Management ist erschreckend dünn gesät in deutschen Landen. Wir bilden uns zwar immer noch ein, eine führende Industrienation zu sein, aber wir werden in der Effizienz immer mehr von anderen Nationen überholt, weil wir träge und überheblich geworden sind. Es ist uns zu lange zu gut gegangen. Die Arroganz grassiert, und sie ist ein typisches Merkmal schon des unteren Mittel-Managements geworden. Ein kalter Wind weht vor allem in den Korridoren der Chefetagen. Die Zwei-Klassen-Gesellschaft ist ausgeprägt, wobei die „Arbeitnehmerseite" gar nicht merkt, daß ihre Vertreter, die Gewerkschaftsbosse, im Denken und Auftreten von den Beamten in den Managementbüros längst nicht mehr zu unterscheiden sind.

Nichts Grundlegendes wird bisher von seiten der Industrie und Wirtschaft getan, um dem Wildwuchs der Management-Allüren beizukommen. Und da die Management-Elite von niemandem wirklich kontrolliert wird, werden noch viele Jahre vergehen – und für viele Unternehmen wird es dann zu spät sein -, ehe ein neuer Typ Manager das Sagen hat: ein Typ Manager, der Bescheidenheit und Integrität mitbringt und zu echter Kommunikation fähig ist.

Das ist die Seite des Managements. Aber auch hier gehören zwei (oder mehr) dazu, gut oder schlecht zusammenzuarbeiten. Es gibt ohne Zweifel viele hochmotivierte, einsatzbereite Menschen! Es gibt aber auch viele, die in der Arbeit nicht die Befriedigung finden, vielleicht gar nicht suchen, die die Grundlage für gute Teamarbeit ist. Und es gibt viele, die gar nicht erst den Versuch machen, Befriedigung durch harte Arbeit zu finden, die Rosinen unter dem Teig der Routine zu suchen; die eine gute Ausbildung genossen haben, „modern", aufgeklärt sind, vor allem über die Rechte, die sie zu haben glauben.

Wenn Sie das Pech haben sollten, einem Menschen in Ihrer Abteilung zu begegnen, der auf die sorgfältige Wahrung seiner Rechte mehr Zeit verwendet als auf die Lösung der anstehenden Aufgaben, müssen Sie Ihren Mut beweisen, ihn auf die Matte rufen und die Sache auskämpfen. Entweder sie raufen sich zusammen und der Mitarbeiter macht mit wie alle anderen, oder einer von Ihnen geht. Und meistens ist der Vorgesetzte in einer etwas besseren Position, so daß sich der Untergebene wohl eine andere Stellung suchen muß. Das ist völlig in Ordnung, Richard! Der Mitarbeiter hat die Möglichkeit zu wählen. Er hat die Freiheit, sich die Arbeit zu suchen, die ihm Spaß macht und in der er Befriedigung findet, oft unterstreicht er das ja selbst nachdrücklich. Wenn das zufällig nicht die ist, die er bei Ihnen finden kann, dann muß er sie eben woanders suchen.

Fackeln Sie in einem solchen Fall nicht allzulang herum! Diese Art von Problemen lassen sich, wenn sie einmal aufgedeckt sind, meist nicht in endlosen Gesprächen lösen. Eine ruhige Aussprache stellt die Dinge meistens klar. Bei dem Gespräch – zu dem Sie übrigens dem Mitarbeiter unbedingt die Chance geben müssen – kann sich durchaus die Möglichkeit ergeben, die Tätigkeit des Mitarbeiters anzureichern, umzustellen. Aber solche Versuche sollten sich in Grenzen halten. Sie dürfen auf keinen Fall auf Kosten anderer gehen, die treu und brav ihre Arbeit tun und sich dann mit der „Schmutzarbeit" sitzengelassen sehen.

Es herrscht eine gewisse Verwirrung über den Begriff „Motivation". Motivieren ist eigentlich kein aktives Verb wie planen oder organisieren, das heißt, es kann in der Praxis nicht so in eine Tätigkeit umgesetzt werden, wie das beim Planen oder Organisieren der Fall ist. „Ich plane oder organisiere etwas" ist eine klare Aussage über eine durchführbare Handlung und Tätigkeit eines Managers. Bei „ich motiviere" gibt es Schwierigkeiten – Sie können sich nicht vornehmen: „Heute werde ich mal meine Leute motivieren." Das heißt, Sie können es sich vornehmen, aber klappen wird es nicht!

Leute sind motiviert, oder sie sind es nicht. Und auch das ist nicht ganz richtig. Es gibt kaum jemanden, der nicht motiviert ist – die Frage ist nur: Richtet sich die Motivation auf die anstehende Arbeit, oder sucht sie sich ein anderes Gebiet, auf dem sie sich entfalten kann? Sie erinnern sich an die Maslowsche Bedürfnispyramide, bei der die Bedürfnisse und Motive der Menschen hierarchisch geordnet werden, von den „primitiven", physiologischen bis zu den Bedürfnissen seelisch-psychologischer Art, die im Bedürfnis nach Selbstverwirklichung gipfeln. Jeder Mensch hat Motive für sein Handeln und Streben und wird danach trachten, diese Motive befriedigen zu können. Teil Ihrer Aufgabe als Manager ist es, die Leute mit dem richtigen fachlichen Können, aber auch mit dem Interesse an der Arbeit, den Aufgaben, die ihr Arbeitsplatz bietet, zu finden, in Ihr Team zu holen und dann auch dort zu halten. Dazu gehört, daß Sie eine Aufgabenverteilung nach den Fähigkeiten und Neigungen Ihrer Mitarbeiter vornehmen, ein Klima schaffen, in dem die Leute Spaß an der Aufgabenbewältigung finden, eine Umgebung, in der sich ihre Motivation entfalten kann und sie sich beruflich weiterentwickeln. Insofern können Sie also sehr wohl aktiv etwas dazu beitragen, daß Ihre Mitarbeiter motiviert werden.

Wir wollen davon ausgehen, daß Ihre Mitarbeiter fachlich gut ausgebildet sind und sich nicht etwa auf dem Posten, den sie innehaben, fehl am Platze fühlen. Wenn also Sie und Ihre Leute die Aufgabe übernehmen, ein neues

Projekt zu realisieren, dann bleibt nur noch die Frage, ob das Projekt oder der Teilaspekt jeden einzelnen genug interessiert, um ihn zu großem Arbeitseinsatz zu bewegen.

Dieses „nur" klingt einfach, es ist aber der „Punktus Knacksus", der Schlüssel zum Erfolg für Ihr Projekt, auch für ein Erfolgserlebnis für Sie und jeden Ihrer Mitarbeiter. Und hier müssen wir noch einmal einhaken: Wenn ein Mitarbeiter sich für das Projekt oder seine Aufgabe nicht begeistern kann, dann gibt es für ihn (und für Sie) keine andere Möglichkeit, als daß er sich eine andere Aufgabe sucht. Hier dürfen Sie keine faulen Kompromisse eingehen! Entweder er macht mit, oder er geht!

Gut, nun haben Sie eine qualifizierte und interessierte Gruppe, und „interessiert" ist gleichbedeutend mit „motiviert". Ein fachlich interessierter Mitarbeiter wird keine Mühe und Arbeitszeit scheuen, wenn er sein Interesse, seine Motivation leben kann. Nun kann ein Projekt „an sich" hochinteressant sein, die Arbeit eines einzelnen trotzdem „stinklangweilig" – bei jedem Projekt gibt es Routinearbeit, die aber dazugehört und notwendig ist. Daher gilt es für Sie als Leiter der Gruppe, das Arbeitsgebiet jedes einzelnen Mitglieds der Gruppe so zu gestalten, die anfallende Arbeit so zu verteilen, daß sich die interessanten Aspekte und die unvermeidliche Routine einigermaßen die Waage halten. Verwenden Sie aber auch wieder nicht zuviel Zeit darauf, Rosinen mit der Küchenwaage abzumessen und zu verteilen. Jeder vernünftige Mensch (die unvernünftigen haben Sie ja ausgesiebt, nicht?!) wird gewisse Routinearbeiten und weniger angenehme Aufgaben ohne weiteres in Kauf nehmen, wenn genügend interessante, stimulierende Aspekte übrigbleiben.

Motivationsfördernde Maßnahmen können also einmal die Arbeitsverteilung sein, zum anderen aber auch die Art, wie Sie selbst die Arbeit „verkaufen", wie Sie das Projekt und die anstehenden Aufgaben präsentieren. Und schließlich hängt ein großer Teil der Begeisterung davon ab, wie Sie Ihre Mitarbeiter informieren. Ihre Information sollte sich nicht auf Angaben über technische Details, vielleicht noch über die Vorgehensweise beschränken. Sie sollten über den eigenen Fortschritt berichten, wie Ihre Gruppe im Zeitplan und im Rennen liegt, was sich bei der Konkurrenz oder bei anderen Gruppen tut, die an anderen Teilen des gleichen Projekts arbeiten usw. Geben Sie Ihren Mitarbeitern das Gefühl, daß Sie immer bereit sind, alle Ihnen zugänglichen Informationen mit ihnen zu teilen – und tun Sie es natürlich auch wirklich. Wenn es Ihnen und Ihren Leuten Spaß macht, dann hängen Sie eine Graphik, eine Kurve, eine Strichliste an die Wand, an der täglich oder wöchentlich der Fortschritt abgelesen werden kann. Feiern Sie jede gelaufene Runde.

Helfen Sie, wenn jemand Schwierigkeiten hat, sparen Sie nicht mit begründetem Lob. Machen Sie hin und wieder mit der gesamten Gruppe eine Gesprächsrunde, in der Sie den Fortschritt überprüfen, entweder locker, wie oben erwähnt, oder auch formal mit einem Zwischenbericht. Sie sollten durchaus auch konstruktive Kritik üben, aber auch einen Zwischenerfolg gebührend feiern. Halten Sie es dabei wie Katharina die Große, die gesagt hat: „Ich lobe laut, ich tadle leise." Aus Amerika, von wo fast alle Modeerscheinungen im Management ausgehen, kommt bereits ein neuer Begriff, der des „Light Management" (die unerträgliche Leichtigkeit des Management-Daseins?), bei dem das Wort „fun" (Spaß) im Mittelpunkt steht. Es muß Spaß machen, darf nicht tierisch ernst und verbissen sein, was Sie und Ihre Leute tun. Die Arbeit darf nicht in „Viecherei" ausarten. Wenn aber die Stimmung gut ist, kann durchaus auch einmal ein Zwischenspurt eingelegt werden und, wenn es denn sein muß, Freizeit und Nachtstunden geopfert werden. Ein motivierter Mitarbeiter legt nicht um fünf oder sechs Uhr, oder wann immer die offizielle Arbeitszeit zu Ende ist, den Bleistift hin und geht nach Hause.

Vor allem junge Mitarbeiter werden mit großem Eifer, also mit großer Motivation arbeiten, wenn sie das Gefühl haben, ins Vertrauen gezogen zu werden und eine sinnvolle Tätigkeit auszuüben, wirklich etwas beisteuern zu können, um ein Projekt zu einem erfolgreichen Ende zu führen. Wenn Sie solch einen Mitarbeiter in Ihrem Team haben, dann hegen und pflegen Sie seinen Enthusiasmus, geben Sie ihm jede nur mögliche Chance, sich zu beweisen. Und wenn er hin und wieder im jugendlichen Eifer über das Ziel hinausschießt – das macht nichts! Jugend ist die einzige Krankheit, die die Zeit ganz automatisch heilt.

Maslows vielzitierte Bedürfnispyramide zeigt als letzte Stufe die Befriedigung des Selbstwertbedürfnisses, die Selbstverwirklichung, auf. Danach zu streben ist legitim und sollte keinem verwehrt werden. Es ist durchaus eine wertvolle Erkenntnis, daß ein motivationsförderndes Klima für die Mitarbeiter geschaffen werden soll und daß Manager sich um die Bedürfnisse ihrer Mitarbeiter und um die Möglichkeit, sie zu befriedigen, kümmern sollen. Aber wie so oft, ist das Thema Motivation fast zu Tode beschrieben und theoretisiert worden. Vielen Führungskräften ist die Bedeutung und die Schwierigkeit des Themas so oft eingehämmert worden, daß sie wie hypnotisiert darauf schauen, die Problematik überbewerten und ihre Fähigkeit, damit fertigzuwerden, unterschätzen.

Ihre Hauptaufgabe ist nicht, Ihren Mitarbeitern die Möglichkeit zur Selbstverwirklichung zu geben! Ihre Hauptaufgabe ist, eine Ihnen übertragene Aufgabe mit Hilfe anderer erfolgreich zu lösen! Es ist nicht Ihre Aufgabe, verzweifelt nach Möglichkeiten für die Selbstverwirklichung Ihrer Leute zu suchen – das ist die Aufgabe jedes einzelnen. Und nochmals: Wenn er diese Möglichkeiten bei Ihnen findet – fein! Wenn er dazu in eine Eremitenklause gehen muß – auch gut! Sie sind aber nicht verpflichtet, sein Büro in eine Eremitenklause umzuwandeln. Wo er sein Glück findet, ist seine persönliche Entscheidung, die Sie dem Mitarbeiter weder abnehmen können noch sollen!

Was nun die Beurteilung von Mitarbeitern angeht, so könnte man den Kern, die Hauptforderung für das Beurteilungsgespräch, in einem kurzen Satz zusammenfassen: „Sei ehrlich!" Sie werden inzwischen gemerkt haben, daß ich vielen amerikanischen Managementpraktiken kritisch gegenüberstehe. Ich bin auch kein Freund ihrer auf den niedrigsten gemeinsamen Nenner gebrachten Umgangssprache. Aber ich muß anerkennen, daß sie zu sehr treffenden und prägnanten Formulierungen in der Lage sind. Ein Amerikaner würde die Forderung: „Sei ehrlich", die einen etwas moralinsauren Beigeschmack hat, ersetzen durch ein trockenes: „Cut out the bullshit!" Das soll heißen: „Reden Sie nicht um den heißen Brei herum, kommen Sie zur Sache!" Verpacken Sie die (nötige) Kritik nicht in so viele schöne Worte, daß der Mitarbeiter sich zum Schluß belobigt statt kritisiert fühlt.

Das Gespräch muß natürlich vorbereitet werden, man muß taktvoll vorgehen und kann das auch, ohne es an Deutlichkeit fehlen zu lassen. Man kann das Gespräch auf ein bestimmtes Ziel hin steuern – aber das sind alles technische Einzelaspekte, die gar nicht so große Bedeutung haben. Worauf es ankommt, ist der Zweck des Gespräches – und der ist, die Arbeit eines Angestellten, die er während einer gewissen Zeit geleistet hat, objektiv zu beurteilen und konstruktiv zu kritisieren. Und das kann man auf die obige Forderung reduzieren, wobei ich es jedem überlasse, welche Formulierung er für sich vorzieht. Man kann ehrlich sein, ohne zu verletzen. Es gibt wohl kaum einen

Mitarbeiter, der eine völlige „Niete" ist – sonst wäre er doch nicht bei Ihnen, oder? Und wenn jemand wirklich falsch am Platz ist, dann ist das sogar ein verhältnismäßig einfacher Fall, weil der Auswechslung meistens weder der Mitarbeiter selbst, noch Ihre Vorgesetzten etwas in den Weg legen dürften.

Taktvoll mit anderen Menschen umzugehen ist eine Forderung, die sich nicht auf unsere Managementtätigkeit beschränkt. Bei der Zunahme der Bevölkerung, vor allem in den Ballungszentren, ist der taktvolle Umgang mit anderen, sind Höflichkeit und Rücksichtnahme nicht nur auf die Bedürfnisse, sondern auch auf die Eigenheiten und die Privatsphäre anderer unabdingbar. Ohne sie wäre das Leben unerträglich – und ihr Abbau oder ihr Fehlen ist das Unerträgliche an den Zuständen in manchen Großstädten und mehr noch in gewissen „Ghettos". Konrad Lorenz hat in seinem Buch „Die acht Todsünden der zivilisierten Menschheit" überzeugend dargestellt, daß ein Mensch, wie jedes andere Lebewesen auch, einen gewissen Lebensraum braucht und daß das Fehlen dieses Raumes zur Un-Menschlichkeit führt, zur Abkapselung, zum schroffen Umgangston mit anderen, zur Haltung: „Halt Dich raus (don't get involved)", zu der grotesken Situation, daß ein höfliches Entgegenkommen mißtrauisch betrachtet wird, als könne es nur ein Trick sein, hinter dem sich etwas anderes (und nichts Gutes) verbergen muß.

In unserer Welt des Managements wird oft – mit dem Hinweis auf den harten Konkurrenzkampf, auch unter dem Deckmantel der kurzen und prägnanten Kommunikation – jede Rücksicht auf die Gefühle des Gegenübers über Bord geworfen. Muß das sein? Nein, das muß es nicht! Ein erster Schritt zum vernünftigen Umgang mit anderen, vor allem mit Mitarbeitern, ist es, bei sich selbst anzufangen; festzustellen, was man sich selbst nicht gefallenlassen würde – um es folglich dann auch bei anderen zu vermeiden. Um auf unser Thema der Beurteilung zurückzukommen, ist ein weiterer nützlicher Schritt, zunächst die eigenen Fehler zu suchen, zu erkennen und zuzugeben. Das gibt die nötige Bescheidenheit, wenn man die Fehler anderer kritisieren will und muß. Die Fehler der Untergebenen sind oft nur die Auswirkung der Fehler von Vorgesetzten, ob es sich dabei um die falsche Besetzung eines Postens, zu hohe Anforderungen, fehlende Klarheit bei der Verteilung von Aufgaben und Verantwortlichkeiten, schlechte Zielsetzung, fehlende Kommunikation oder sonst etwas handelt. Bevor Sie das Beurteilungsgespräch beginnen, beurteilen Sie sich selbst. Fragen Sie sich, wieviel Sie selbst zu den Fehlern oder Fehlleistungen des Mitarbeiters beigetragen haben.

Wichtigste Vorbereitung des Beurteilungsgespräches ist also die Selbstkritik, oder wenn Sie diese Formulierung vorziehen: das Sich-Überzeugen, daß dem Mitarbeiter wirklich die Möglichkeit gegeben worden ist, die ihm übertragene Aufgabe zu lösen. Das Beurteilungsgespräch soll sich aber nicht nur auf die Vergangenheit beschränken, es soll auch die Zukunft behandeln. Neue Aufgaben werden festgelegt, neue Ziele und Vorgehensweisen besprochen, eventuell müssen spezielle Maßnahmen getroffen werden, um besser arbeiten zu können, einschließlich Aus- und Weiterbildungsmaßnahmen.

Dies wäre auch die Gelegenheit, mit Ihrem „schwierigen Typen", von dem Sie erzählten, ein offenes Gespräch zu führen. Ist er nur schwierig im Umgang mit Ihnen oder einigen Kollegen, leistet sonst aber gute Arbeit? Oder leidet die Arbeit unter seinen Umgangsformen? Ist dies ein Problem, das erst jetzt auftaucht, war er vorher anders? Hat er vielleicht gerade persönliche Schwierigkeiten gesundheitlicher oder familiärer Art, ist ein Trend erkennbar? Ein nicht ganz zufriedenstellendes Jahr sagt nichts aus, zwei sollten Ihnen zu denken geben. Aber wenn ein deutlicher Trend erkennbar ist und die Resultate kontinuierlich unter dem erwarteten Niveau liegen, dürfte der Mann bei Ihnen wohl nicht auf dem richtigen Platz sein, und Sie sollten ihn auswechseln – in Ihrem wie auch in seinem eigenen Interesse!

Aber Sie können nichts unternehmen, wenn Sie einem Mitarbeiter nicht in aller Offenheit gesagt haben, was Sie auszusetzen haben und was Sie vorhaben, wenn ihm nicht die Gelegenheit gegeben wurde, auch seine Seite darzustellen: „Eenes Mannes Rede ist keenes Mannes Rede, man muß sie hören alle beede." Und um eine klare und faire Entscheidung treffen zu können, müssen Sie „Tacheles" reden – cut out the bullshit!

Lassen Sie mich doch wissen, was aus „der Type" geworden ist, ja? Es interessiert mich ehrlich, wie Sie diesen Fall gelöst haben. Viel Glück!

Übrigens:

Zu Ihrer Beruhigung: In den allermeisten Fällen wird der Begriff „Selbstverwirklichung" im Rahmen der Arbeit Gott sei Dank selten auftauchen. Viel eher wird sich ein Mitarbeiter fragen: „Ist diese Arbeit sinnvoll für mich?" oder auch schlicht und einfach: „Macht mir diese Arbeit Spaß?" Und wenn er eine der beiden Fragen mit „Ja!" beantworten kann, haben Sie einen motivierten Mitarbeiter, und es kann eigentlich nichts mehr schiefgehen.

Und was das Beurteilungsgespräch angeht: Wenn Sie den Mut dazu haben, lassen Sie sich selbst einmal von den Mitarbeitern in aller Form beurteilen, hören Sie sich auch deren Kritik an – man kann sehr viel dabei lernen, und ein offenes Gespräch mit gegenseitiger Kritik kann enorm zum guten Klima in einem Team beitragen. Nur Mut!

Schlaglichter

Motivation liegt in der Verantwortung von Psychologen oder Personalabteilungen	Nein
„Heute werde ich einmal meine Leute motivieren"	Nein
Motivation = Streben nach sinnvoller Tätigkeit	Ja
Motiviert sein = „Mir macht die Sache Spaß"	Ja
Maslows Bedürfnispyramide ist unrealistisch	Nein
Ein jeder Wunsch, wenn er erfüllt, kriegt augenblicklich Junge	Ja
McGregors Theorie-X-Manager gibt es nicht (mehr)	Doch
Gutes Management, Arbeitsverteilung, Delegation und Kommmunikation sind motivierend	Ja
Ein Manager kann nur ein motivierendes Klima schaffen	Ja
„Motivationsprobleme" ist ein guter Sammelbegriff für fehlende Kommunikation, schlechte Arbeitsbedingungen und unzureichende Weiterbildungsmöglichkeiten	Nein
Beurteilung von Mitarbeitern ist etwas für Psychologen	Nein
Das Beurteilungsgespräch gibt die Möglichkeit	
– dem Mitarbeiter zu zeigen, wie seine Leistung gewertet wird	Ja
– Karrieremöglichkeiten und Weiterbildungsmaßnahmen zu besprechen	Ja
– Kommunikationsschwierigkeiten auszuräumen	Ja
– angestaute Kritik loszuwerden	Nein
„Miese Stimmung" ist hausgemacht	Ja
„Miese Stimmung" ist schlechtes Management	Ja
Als Manager muß man akzeptieren, daß Mitarbeiter nicht für ihre Aufgabe motiviert sind	Nein
Begründete Leistungsschwankungen müssen akzeptiert werden	Ja
Takt = Unehrlichkeit	Nein
Kritik kann man in schöne Worte verpacken?	Jein

Zehnter Brief:
Auswahl und Einstellung von Mitarbeitern

> *Ein gescheiter Mann muß so*
> *gescheit sein, Leute einzustellen,*
> *die viel gescheiter sind als er.*
> John F. Kennedy

Lieber Richard!

Was Sie über das Problem Ihres Kollegen schreiben, finde ich interessant. Sie sagen, er habe gleich zweimal Pech mit der Besetzung von freien Stellen gehabt? Der eine neue Mitarbeiter habe sich als Problemfall entpuppt, der andere habe die Firma schon nach fünf Monaten wieder verlassen.

Bevor wir uns diese beiden Fälle etwas näher ansehen, lassen Sie mich kurz zusammenfassen, was zum Thema „Einstellung von Mitarbeitern" zu sagen ist:

- Die Auswahl des richtigen Kandidaten für eine freie Stelle ist Linienfunktion und nicht Aufgabe irgendeiner Spezialabteilung (Sie müssen mit dem Neuen arbeiten, nicht die Personalabteilung).
- Ein „Personalbeschaffungsplan" ergibt sich aus den langfristigen Unternehmenszielen und aus dem Ergebnis der Bedarfsanalyse und der Kompetenz-Inventur.
- Stellenbeschreibungen legen fest, welche Kenntnisse und Erfahrungen neue Mitarbeiter haben sollten (Vorsicht: die Forderungen nach Erfahrung nicht zu hochschrauben!).
- Stellenbeschreibungen sollen deutlich, aber nicht zu detailliert sein (ein Bewerber muß erkennen, was erwartet wird, es muß in der Tätigkeitsbeschreibung aber Raum für Entwicklung bleiben).
- Bewerbungen sollte man mit einer gewissen Skepsis lesen (Lügen – verdammte Lügen – Lebensläufe).
- Referenzen zu prüfen lohnt sich nur, wenn sie als objektiv bekannt sind (schlechte Referenzen sind ebenso schwer zu finden wie gute Kandidaten).
- Das Einstellungsgespräch muß sehr sorgfältig vorbereitet und durchge-

führt werden – es geht um die Sicherung der Unternehmenszukunft (Einladung und Empfang des Kandidaten, Rahmen des Gesprächs, Informationsvermittlung, Gesprächsführung).
- Das Einstellungsgespräch ist keine Trainingsrunde für Amateur-Psychologen.
- Alle Eindrücke über den Bewerber müssen sofort schriftlich festgehalten werden (Ausbildung und Erfahrung, Auftreten und Kommunikationsfähigkeit, Potential, eigene Karrierrevorstellungen);
- Absagebriefe an abgelehnte Kandidaten können mehr über die Firma aussagen als die Eindrücke, die der Kandidat bei seinem Besuch sammeln konnte (danken und das Bedauern höflich ausdrücken).
- Einführung und Einarbeitung neuer Mitarbeiter ist der wichtigste Teil der Personalbeschaffung (kümmern Sie sich möglichst viel selbst um die Neuen).

Und nun zu den beiden Fällen Ihres Kollegen: Was den „Schwierigen" angeht, so haben Sie selbst Ihre Erfahrung mit solchen Zeitgenossen gemacht, und wir haben im letzten Brief etwas darüber gesprochen. Lassen Sie mich trotzdem noch einmal darauf eingehen. So, wie Sie mir den Fall schildern, kann schon bei der Einstellung folgendes schiefgelaufen sein:

Der „Problemfall" scheint fachlich hochqualifiziert zu sein, ist aber im Umgang mit seinen Kollegen und Vorgesetzten unerträglich. Nun, hier ist ganz offensichtlich versäumt worden, beim Einstellungsgespräch die persönliche und charakterliche Seite des Kandidaten genügend zu prüfen – ein altes und sehr oft vorkommendes Versäumnis. Ich will nicht zu hart urteilen, schließlich ist es weitaus schwieriger, den Charakter eines Menschen zu prüfen und zu beurteilen als sein fachliches Wissen und Können. Viele Manager, vor allem wenn sie als Mitglieder einer Einstellungskommission an der Auswahl von Mitarbeitern teilnehmen, glauben, ihre Aufgabe beschränke sich darauf, das fachliche Wissen des Kandidaten zu beurteilen – für den Charakter, die persönliche Seite sei ein Psychologe oder die Personalabteilung zuständig. Das ist natürlich Blödsinn! Es mag in gewissen Fällen oder für ganz bestimmte Positionen nötig oder vorteilhaft sein, psychologische Beurteilungen zu Rate zu ziehen. Aber bei den meisten Einstellungsgesprächen kommt es darauf an, einen fachlich kompetenten Mitarbeiter zu finden, der „in das Team paßt"; und dies kann jeder, der in der Prüfungskommission sitzt, beurteilen!

Es kann sein, daß sich die Kommissionsmitglieder zu sehr auf das Fachliche konzentriert haben, daß sie von der fachlichen Kompetenz, vielleicht sogar Brillianz des Kandidaten geblendet wurden. Es kann auch sein, daß die Warnlampen zwar aufleuchteten, daß man sich beim abschließenden Gespräch aber sagte, man könne schwierige Fälle mit entsprechender Führung „umfunktionieren", in den Griff bekommen und unter Kontrolle halten. „Jein!" kann ich da nur sagen. Es ist zwar etwas dran an der Feststellung, daß ein Mitarbeiter nur so schlecht ist, wie sein Vorgesetzter es zuläßt. Und es ist auch richtig, daß sich in einer Firma ab einer gewissen Größe für fast jeden ein Plätzchen finden läßt, auf dem er unter guter Leitung produktiv tätig sein kann. Oft ist ja das „Schwierige" nur Ausdruck eines wachen, kritischen und kreativen Geistes, der – richtig eingesetzt und gezügelt – mehr Positives beitragen kann als manch angepaßter Angestellte. Nur wird die Bedeutung der charakterlichen Seite bei Bewerbern häufig unterschätzt. Selbst wenn der schwierige Neuling noch jung ist und sich unter der entsprechenden Leitung zu einem angenehmen, zumindest aber erträglichen Mitarbeiter mausern könnte, so muß doch unverhältnismäßig viel Zeit auf diese Aufgabe und die Kontrolle verwendet werden – meistens mehr, als gerechtfertigt werden kann.

Außerdem ist keineswegs sicher, ob diese Anpassung überhaupt im Interesse des Bewerbers liegt. Vielleicht kann derselbe Mitarbeiter in einem anderen Team, einer anderen Umgebung und in einem anderen Aufgabenfeld ausgezeichnet und problemlos arbeiten. Es ist aber nicht unbedingt die Aufgabe Ihres Kollegen, diesen Platz für den Bewerber zu suchen – das ist in erster Linie seine eigene Verantwortlichkeit. Aufgabe Ihres Kollegen ist es, die richtigen Leute in sein Team zu holen, um die gestellten Aufgaben zu erledigen. Und das sind Leute, die nicht nur fachlich dazu in der Lage sind, sondern auch von ihrer Persönlichkeit in die Gruppe passen. Nur so kann Teamarbeit funktionieren. Ein Kandidat für ein Team muß nicht nur ganz allgemein in der Lage sein, mit anderen zusammenzuarbeiten, er muß sich mit dem in diesem Team herrschenden Geist identifizieren können und bereit sein, so mitzuarbeiten, wie dieses Team es erwartet und braucht. Und nur der Kandidat ist der richtige, der das kann und will.

Wer beim Einstellungsgespräch fachlicher Kompetenz den Vorrang gibt und sich stark genug fühlt, „den Bewerber schon so hinzukriegen, wie wir ihn brauchen", der sollte sicher sein, daß er gewillt und in der Lage ist, die für diese Erziehungsarbeit nötige Zeit aufzubringen und daß er das Risiko eingehen will, die Schwierigkeiten unter- und seine Kräfte und Möglichkeiten überschätzt zu haben. Das Verhalten eines Menschen beeinflussen oder gar ändern zu wollen ist ein sehr ambitiöses Vorhaben, das wir als Nichtfachleute lieber Psychologen überlassen sollten. Aber der Irrtum mancher Manager liegt darin, daß sie glauben, sie seien gezwungen, den Psychologen zu spielen, wenn es in der Tat nur darum geht, deutlichen Alarmsignalen und Zweifeln nachzugehen, ehe eine Entscheidung getroffen wird, die für Kandidaten und Firma im allgemeinen als langfristig angesehen werden sollte. Und diese Alarmsignale sind auch ohne psychologische Ausbildung zu erkennen und zu werten. Die Gefahr, daß bei einer Auswahl aus subjektiven Gründen ein guter Kandidat verlorengeht, ist zwar gegeben, sie ist aber klein im Verhältnis zum Arbeitsaufwand und Ärger, der entsteht, wenn die Alarmsignale ignoriert werden, weil „der Kandidat fachlich ausgezeichnet ist".

Der zweite Fall liegt anders. Wenn ein Mitarbeiter die Firma nach kurzer Zeit wieder verläßt, so kann das aus Gründen geschehen, die mit dem Einstellungsgespräch nichts zu tun haben: Er kann aus triftigen persönlichen Gründen die Stadt oder das Land verlassen wollen, er kann unerwartet eine Stellung angeboten bekommen, auf die er schon lange wartet, mit der er aber nicht gerechnet hatte, als er sich bewarb; er kann von sich aus erkannt haben, daß er nicht in das Team oder die Firma paßt. All dies sind durchaus akzeptable Gründe, die nicht unbedingt auf Fehler beim Einstellungsgespräch zurückzuführen sind. Wenn allerdings beim Kandidaten von vornherein nur die Absicht bestand, einige Monate zu überbrücken, bis ein anderes, besseres Angebot spruchreif wird, wäre es unfair gewesen, diese Möglichkeit nicht angedeutet zu haben. Wenn wir allerdings ehrlich sind, werden wir zugeben müssen, daß auch eine gehörige Portion Mut dazugehört hätte, es zu tun!

Die fünf Monate, die Ihr Kollege seinen neuen Mitarbeiter kennenlernen konnte, sind aber auch die Zeit, in der sich beide Seiten klarwerden können, einen Fehler gemacht zu haben. Es ist noch die „Probezeit", es ist also logisch, jetzt die Bremse zu ziehen und nicht den Fehler, der bei der Einstellung gemacht wurde, zu zementieren. Eine einvernehmliche Trennung nach fünf Monaten halte ich nicht für so dramatisch und kompliziert wie eine erzwungene nach mehreren Jahren.

Wenn es bei der Einstellung von Mitarbeitern Schwierigkeiten gibt, sind diese fast ausnahmslos auf einen einzigen Umstand zurückzuführen, nämlich auf die fehlende Konsequenz, mit der man Zweifeln nachgehen sollte, bis man sie ausräumen kann, auf die mangelnde Courage, „nein" zu sagen, wenn die Zweifel sich melden. Also können wir zusammenfassend zum Thema „Einstellung" sagen: „Sei dir klar, was du suchst – und dann vergewissere dich, daß der ausgewählte Bewerber *in jeder Hinsicht* dem entspricht, was du suchst." Kompromisse sind manchmal unvermeidbar, man muß sich auch eine gewisse Flexibilität erhalten. Aber zu große Zugeständnisse sind keine Lösung – weder für Sie noch für den Kandidaten. Der Wert eines Mitarbeiters für Ihr Team ist die Summe seiner fachlichen und menschlichen Qualitäten. Das größte Genie ist nur bedingt „gut" in Ihrer Gruppe, wenn es menschlich unausstehlich ist – ebenso ist klar, daß der angenehmste Mensch der Welt für Sie indiskutabel ist, wenn er fachlich nichts zu bieten hat.

Nun möchte ich noch eine letzte Bemerkung in diesem Zusammenhang einschieben, die dem zu widersprechen scheint, was ich bisher gesagt habe: Neben der Gefahr, sich einen Problemfall ins Haus zu holen, gibt es die weit größere, daß Manager sich Konformisten, Leisetreter, Ja-Sager aussuchen und sich mit Mittelmäßigkeit umgeben. Sie tun es entweder, um ihre eigene Überlegenheit leichter beweisen zu können, oder weil sie Angst davor haben, gute Mitarbeiter könnten ihnen überlegen sein. Und damit haben diese Führungskräfte ein todsicheres Rezept für Mittelmäßigkeit in der ganzen Gruppe und für Resultate, die nicht nur mittelmäßig, sondern bei genauerer Betrachtung sogar inakzeptabel sind. Deswegen habe ich Kennedys Ausspruch als Motto für diesen Brief ausgewählt. Je besser die Leute sind, die Sie sich in Ihr Team holen, desto besser werden die Resultate und damit letztlich Ihre Position. Und was die Angst um Ihren Posten angeht – nun, damit müssen Sie selbst zurechtkommen, da kann Ihnen keiner helfen! Mut ist – ich wiederhole mich – Teil des Managementrüstzeuges, ohne ihn geht es nicht. Er zahlt sich aber meistens aus, und Vorgesetzte wie Untergebene werden ihn erkennen und anerkennen.

Sie werden sicher demnächst wieder freie Stellen zu besetzen haben. Ich hoffe, diese Bemerkungen bestärken Sie in Ihrer Einstellung, mit der Sie bisher – trotz des Problemfalls – gut gefahren sind, und helfen Ihnen bei der Suche nach dem besten Kandidaten, fachlich wie menschlich. Lee Iacocca, der eine Riesenfirma erfolgreich aus den roten Zahlen geführt hat, sagt sehr prägnant: „Die richtigen Leute einzustellen ist das Beste, was ein Manager tun kann."

Übrigens:

Zum Thema „Einstellungen" gehört indirekt auch das der Mobilität, des Wechsels von Mitarbeitern von einer Abteilung zur anderen. Dies ist nicht nur eine sehr gute Fortbildungsmaßnahme, es erlaubt auch, gewisse „Fehler" bei Einstellungsgesprächen auszugleichen. Die Effizienz und der Wert eines Angestellten für die Firma hängt zum größten Teil davon ab, wie und wo er eingesetzt wird, das heißt, ob das Einsatzgebiet das für ihn optimale ist. Wenn er nicht optimal arbeitet, kann das zwar daran liegen, daß er beschränkte Fähigkeiten hat – das hätte aber beim Einstellungsgespräch herauskommen müssen; oder aber daß seine Fähigkeiten erst auf einem anderen Arbeitsplatz voll ausgeschöpft werden können. Den zu suchen und dann dafür zu sorgen, daß er dort arbeiten kann, ist ebenso Teil der Managementtätigkeit wie die Auswahl neuer Mitarbeiter. Wenn Sie mit Ihren Kollegen guten Kontakt haben, wird auch niemand den Wunsch, einen Mitarbeiter zu versetzen, als Versuch auffassen, einen faulen Apfel loszuwerden.

Schlaglichter

Auswahl und Einstellung neuer Mitarbeiter ist Angelegenheit der Personalabteilung	Nein
Ein Manager ist dafür verantwortlich, für freie Stellen in seiner Gruppe den richtigen Kandidaten zu finden	Ja
Die Prüfung der fachlichen Kompetenz ist die einzige Verantwortung eines Managers	Nein
Die Prüfung der charakterlichen Seite und Persönlichkeit von Kandidaten ist Sache von Psychologen	Nein
Der Kandidat muß in die Gruppe passen	Ja
Konformisten, Leisetreter, Ja-Sager bringen Mittelmäßigkeit in die Gruppe	Ja
Neue Mitarbeiter sind eine Investition in die Zukunft	Ja
Stellenbeschreibungen müssen sehr detailliert sein	Nein
Bewerbungsschreiben müssen umfangreich sein	Nein
Schlechte Referenzen sind so rar wie gute Bewerber	Ja
Ein Lebenslauf gibt ein vollständiges Bild des Bewerbers	Nein
Das Einstellungsgespräch soll beiden Seiten genug Information geben, um eine Entscheidung treffen zu können	Ja
Zweifeln muß auf den Grund gegangen werden	Ja
Ein Manager muß den Mut haben, „nein" zu sagen	Ja
Eine Absage sagt mehr über die Firma aus als die Einladung	Ja
Die Einarbeitungszeit ist die wichtigste Phase des Auswahl- und Einstellungsprozesses	Ja
Ein Mitarbeiter ist nur so schlecht, wie ein Manager ihn sein läßt.	Jein

Elfter Brief:
Verhandlungstechnik und Konfliktlösung

> *„Mit Worten läßt sich trefflich streiten"*
> Mephisto in Faust I, Vers 1997

Lieber Richard!

So, Sie haben also das Gespräch mit Ihrem „schwierigen Typen" geführt, und es wurde ein Erfolg? Ich gratuliere! Ich bin beeindruckt von der Art, wie Sie das gemacht haben! Wenn ich alles recht verstanden habe, so haben Sie Herrn M. zu sich nach Hause zum Essen eingeladen und danach in aller Ruhe und Offenheit fast zwei Stunden mit ihm geredet? Sie sind sich anscheinend menschlich nähergekommen, der Mann ist aus sich herausgegangen, Sie wissen jetzt beide, was Sie voneinander zu halten haben, auch was die Zukunft angeht? Ihr Mitarbeiter hat eine Woche Zeit, sich zu entscheiden, ob er bei Ihnen arbeiten will (unter Ihren Bedingungen), oder ob Sie gemeinsam nach einer anderen Lösung suchen wollen? Auch ein freiwilliges Ausscheiden wurde von ihm selbst als Möglichkeit erwähnt?

Nochmals Gratulation – es scheint ein Gespräch „unter Erwachsenen" gewesen zu sein. Unter Umständen bildet es die Grundlage für eine lange, harmonische Zusammenarbeit; wenn aber nicht, dann die für eine vernünftige Lösung einer problematischen Situation.

In gewissem Sinne paßt diese Geschichte zum Thema des heutigen Briefes: Verhandlungstechnik und Konfliktlösung. Ich möchte, oder besser gesagt, ich muß dabei auf einige politische Ereignisse und Konflikte verweisen, denn sie stellen Parallelen dar und bieten gute Beispiele für Versuche zu Konfliktlösungen – leider allerdings meistens für mißglückte!

Als wir unsere Korrespondenz vor vielen Monaten begannen, liefen gerade geschichtlich bedeutsame Verhandlungen: Die „Partner" im Jugoslawienkonflikt einigten sich auf einen Waffenstillstand nach dem anderen, die Nahost-Friedensverhandlungen waren festgefahren, Jeltzin lag mit seinen Widersachern in permanentem Clinch, die UN konnte ihre Partner nicht zu einem gemeinsamen Aktionsprogramm in Somalia bringen, in Südafrika hingen die Erfolge bei den sich zäh hinziehenden Verhandlungen immer an seidenen Fäden ... Die Liste der laufenden Verhandlungen und Versuche, Konflikte zu lösen, ließe sich fortsetzen. Wenige Verhandlungen verliefen erfolgreich, keine lief zügig. Die wichtigste Qualifikation für die Verhandlungsführung schien die unendliche Geduld der Vermittler zu sein, das zähe Festhalten am Versuch, eine Lösung zu erreichen. Die Hauptschwierigkeit war offenbar der Umstand, daß eine (oder beide) Seite(n) an einer Lösung nicht interessiert war oder von festgelegten Positionen nicht abweichen wollte beziehungsweise auch nicht konnte, weil hinter den Kulissen gleichzeitig parallel Verhandlungen liefen, deren Resultate Einfluß auf die Hauptverhandlung hatten.

Inzwischen kam das schreckliche Kapitel Ruanda hinzu, aber auch hier und da ein Durchbruch, konnte doch das eine oder andere historische Dokument als Resultat langer Verhandlungen unterzeichnet werden. Es ist erstaunlich, daß unüberwindlich erscheinende Schwierigkeiten wie der Haß und die tiefsitzenden Überzeugungen zwischen Nachbarn eben doch überwunden werden können – hoffentlich jedenfalls. Ich glaube allerdings, daß diese wenigen Erfolge nicht allein mit den Mitteln der Verhandlungstechnik und Konfliktlösung erreicht wurden, sondern letzten Endes aufgrund der Einsicht beider Seiten, daß eine Einigung unter Umständen mehr Vorteile als Nachteile bietet. Bei den meisten dieser Verhandlungen saßen sich nicht Verhandlungspartner, sondern Gegner gegenüber, die ihre Feindseligkeit nur mühsam für die Dauer der Verhandlung im Zaum hielten. Und wo der gute Wille fehlt, zu einem positiven Resultat zu kommen, da ist Hopfen und Malz verloren, wie Jugoslawien zeigt.

Bei fast allen Verhandlungen politischer Art spielt normalerweise ein Dritter eine Vermittlungsrolle. Manchmal – aber nur, wenn die Verhandlungsparteien am Zustandekommen einer Einigung tatsächlich interessiert sind – genügen Verhandlungen und Konferenzen. Bei anderen Konflikten allerdings, wie dem in Jugoslawien (von Ruanda ganz zu schweigen), scheint die bewaffnete Auseinandersetzung außer Kontrolle geraten und zu einem Schlachten geworden zu sein, bei dem der einzelne, der mit der Waffe in der Hand seinem Gegner gegenübersteht, nicht mehr zwischen Recht und Unrecht unterscheiden kann. Es ist ganz offensichtlich, und war es schon lange, daß die beteiligten Parteien in diesem Konflikt nicht mehr in der Lage waren, selbst eine vernünftige Lösung zu finden – eben weil die Vernunft zugunsten eines blinden Hasses schon lange ausgeschaltet und auf die Zuschauertribüne verwiesen worden war, von wo aus sie nur staunend zusehen konnte, wie in der Arena die Emotionen Amok liefen. Hier war ein Dritter, ein Schlichter, gefragt – und hier liegt die Schuld des Versagens der übrigen Welt. Die kläglichen Versuche der UN- und EU-Vermittler sind ein Schandblatt in der Geschichte Europas und ein Armutszeugnis für die heutigen Politiker.

Und das Schlimmste ist, daß man nun zwar ein Lehrbeispiel hätte, wie man eine derartige Krise nicht handhaben darf. Aber ich bin überzeugt, daß man die nächste Krise, die ohne jeden Zweifel auftauchen wird, mit genau derselben Unfähigkeit zu handhaben versuchen wird, daß politisches Kalkül und Emotionen stärker sein werden als Vernunft, Rechtsempfinden und schlichtes Mitleid mit den Opfern der Auseinandersetzungen.

Den Abstecher in die traurige politische Landschaft habe ich nur gemacht, um auf einige Parallelen hinzuweisen, die sich für Verhandlungen auf unserer Ebene durchaus ergeben, wenn auch die Proportionen Lichtjahre voneinander entfernt sind:

– Wenn die Vernunft durch Emotionen verdrängt wird, sind Verhandlungen schwer zu einem erfolgreichen Ende zu führen. Emotionen zu schüren ist leicht – auf der politischen Bühne kann es verbrecherisch sein, im Verhandlungsraum unfair, in keinem Fall hilfreich. Auch bei unseren Verhandlungen ist nicht immer nur die Vernunft federführend, gewisse Emotionen, zumindest persönliche Gefühle lassen sich nicht ganz verdrängen. Das ist auch nicht nötig. Aber Emotionen dürfen nicht im Vordergrund stehen, federführend sein, Vernunftgründe ausschalten. Versuchen Sie immer, das zu vermeiden oder in der Wirkung zu reduzieren. Oft ist einer Verhandlungsseite das Abrutschen in die Emotionszone gar nicht bewußt, ein Hinweis kann manchmal die ganze Verhandlung wieder auf ein sachliches und vernünftiges Niveau bringen.

Vergessen Sie allerdings auch nicht, daß Sie selbst nicht immer objektiv sind. Objektivität ist sehr schwierig – ich weiß gar nicht, ob hundertprozentige Objektivität in einer Sache möglich ist, die von Menschen betrieben wird. Menschen sind nun einmal mit ihren Schwächen behaftet, auch wenn sie den ehrlichen Versuch machen und überzeugt sind, objektiv zu sein. Immer wieder unterlaufen kleine (emotionelle) Fehler, die sich negativ auf den Verhandlungsverlauf auswirken können. Solange aber beide Seiten sich dessen bewußt sind, dürften kleine Zugeständnisse an die Emotionen keine großen Probleme erzeugen.

– Wenn Verhandlungen von vornherein als schwierig einzustufen sind oder sich festgefahren haben, schalten Sie einen neutralen Dritten ein. Die Neutralität ist dabei ein wichtiges Moment, der Dritte muß von beiden Seiten akzeptiert werden.
– Wenn keine Verhandlungsbereitschaft besteht oder der echte Wille fehlt, eine Lösung zu finden, fangen Sie die Verhandlung gar nicht erst an. Und wenn Sie dies erst nach Beginn der Verhandlung feststellen, brechen Sie die Verhandlung ab! Das mag zu kompromißlos klingen, Sie mögen manchmal gezwungen sein, trotzdem an derlei Verhandlungen teilzunehmen, aber ich bleibe dabei, daß solche „Verhandlungen" nur Zeitverlust sind. Wenn Sie die Möglichkeit und den Einfluß haben, den Zeitverlust zu vermeiden, dann sollten Sie es tun.
– Verhandlungen, und zwar jede Runde, müssen gründlich vorbereitet werden, ein klares Ziel haben, nach abgesprochenen Strategien und Taktiken geführt werden. Es muß feststehen, was erreicht werden soll und wie es erreicht werden soll. Die Maximalforderungen und die Minimal-Verteidigungslinie müssen festliegen, Fakten müssen von Vermutungen getrennt sein, soviel Informationen wie nur möglich über die Position und vermutliche Vorgehensweise der anderen Seite sollten zur Verfügung stehen.

Wenn man diese Hinweise auf Verhandlungsführung oder die Broschüren über Kurse zur Verhandlungsführung liest, fällt einem die aggressive Sprache auf, die in diesem Zusammenhang häufig gebraucht wird: Taktik, Strategie, Verteidigungslinie, „den Gegner in die Enge treiben", Informationen sammeln („Spionage"). Verhandlungen werden mit raffinierten Tricks geführt – und damit „gewonnen". Vergessen Sie dieses Arsenal von Verhandlungstechniken, wenn Sie sie einmal überflogen haben! Die normale Basis der Verhandlungen, die wir zu führen haben, ist nicht die der politischen, bei denen um jedes Wort, um jeden „Millimeter" gerungen wird. Bei uns geht es um ein Übereinkommen über fachliche Einzelheiten, um die Einigung über einen vernünftigen Preis, über Dinge, die durchaus beiden Seiten wichtig, aber in den seltensten Fällen existenzbedrohend sind. Sicher, man will und muß etwas erreichen, eine gründliche Vorbereitung sowie die Kenntnis und Beachtung der Grundlagen vernünftiger Verhandlungsführung sind notwendig. Aber die meisten Verhandlungen haben vernünftige Formen, sind nicht belastet mit von Berufsunterhändlern ausgearbeiteten Tricks. Und wenn ein Punkt für eine Seite wirklich existenzbedrohend wird, muß dies von der anderen Seite anerkannt und diesem Umstand in fairer Weise Rechnung getragen werden.

Das Wesen der Verhandlung soll von Flexibilität, Kompromißbereitschaft und Fairneß bestimmt sein – eben von Vernunft und nicht von Emotionen oder eiskaltem Kalkül. Leider müssen Sie damit rechnen, daß nicht jeder so denkt und sich daher auf Enttäuschungen und Versuche, Sie übers Ohr zu hauen, gefaßt machen:

– Lassen Sie sich nicht reizen! Lassen Sie Versuche, unsachlich zu werden, überhöhte oder sogar unverschämte Forderungen als Köder für ärgerliche Reaktionen auszulegen oder einen „unparlamentarischen" Verhandlungston einzuführen, an sich abprallen. Nehmen Sie das mit der nötigen Gelassenheit hin. Passen Sie auf, sicher, aber lassen Sie sich nicht zur Nachahmung treiben. Man braucht Zeit und eine gewisse Erfahrung, um nach dieser Devise vorzugehen, aber der Versuch lohnt sich! Wenn Sie am Ende Ihrer Karriere den Ruf genießen sollten, ein fairer Verhandlungspartner gewesen zu sein, dann ist das meiner Meinung nach für Ihre Firma mehr wert, als der Ruf, ein gerissener und rücksichtsloser Verhandlungspartner gewesen zu sein, der seinen „Gegnern" oft das Fell über die Ohren gezogen hat. Sie müssen selbst entscheiden, was Sie für sich erstreben. Ich wiederhole „für sich", denn Sie werden oft glauben, für Ihre Organisation etwas tun zu müssen, womit Sie im Grunde nicht so recht einverstanden sind. Unter Umständen wird Ihre Firma kurzfristig besser abschneiden, wenn Sie gerissen sind; aber auf lange Sicht handeln Sie sich – und damit Ihrer Firma – dadurch viel Animosität ein, so daß die kurzfristigen Vorteile den längerfristigen Nachteil nicht aufwiegen.

– Versetzen Sie sich immer und immer wieder in die Lage Ihres Gegenübers am Verhandlungstisch. Wie würden Sie an seiner Stelle reagieren, was würden Sie an seiner Stelle akzeptieren und was nicht? Geben Sie ihm die Möglichkeit, das Gesicht zu wahren, auch mit einem Erfolg nach Hause zu gehen. Er will genau das, was auch Sie wollen: einen vernünftigen Abschluß, den man einem Vorgesetzten ohne Schwierigkeiten „verkaufen" kann und der für die Organisation keinen Verlust bedeutet.

– Versuchen Sie einmal, das durch die Sitzordnung erzielte „Gegenüber" oder sogar „Gegeneinander" aufzureißen, indem Sie „bunte Reihe" praktizieren. Ich habe selten so verblüffte Gesichter gesehen wie bei einer Gelegenheit, als mein Chef das zum erstenmal so tat, als sei es etwas völlig Normales. Während der ersten halben Stunde versuchte noch jeder mehr oder weniger unauffällig, seine Unterlagen so vor sich zu halten, daß kein Nebenmann hineinschauen konnte – dann aber löste sich die gespannte Haltung, und wir hatten eine äußerst lebhafte und erfolgreiche „Besprechung", kein zähes „Verhandeln".

Konfliktlösung und Verhandlungsführung lassen sich kaum voneinander trennen. Alles, was ich über Verhandlungsführung gesagt habe, gilt praktisch für Konfliktlösung, bei der der Schlüssel zum Erfolg in der Betonung auf „Lösung" liegt. Denn damit sind die Weichen gestellt, die die Verhandlung auf eine Lösung des Konfliktes zurollen lassen können.

Viele Leute lassen sich unbewußt zur Betonung von „Konflikt" treiben. Die Folge ist, daß sie gebannt auf den Konflikt starren, dessen Lösung mehr oder weniger schwer ist. Sie vergessen, daß Konflikt durchaus positiv sein kann, sogar nötig ist, um Gedanken, Pläne und Aktionen zu kontrollieren. Negativ wird ein Konflikt erst, wenn er sich selbst überlassen bleibt, wenn Meinungen und Vorurteile unkontrolliert wuchern können, wenn Schuld nur auf einer Seite gesucht wird, wenn Emotionen das überwuchern, was bei innerbetrieblichen Konflikten immer am Anfang steht: eine kleine Meinungsverschiedenheit oder ein Mißverständnis. Gehen Sie den Konflikten nach, und Sie werden feststellen, daß die Gründe oft läppisch sind. Bringen Sie den Konflikt ans Tageslicht, und Sie werden sehen, daß er zu lösen ist – ich sage nicht, daß er immer leicht zu lösen ist, vor allem dann nicht, wenn persönliche Gefühle und nicht sachliche Gründe der Ursprung sind.

Bringen Sie einen Konflikt zur Sprache, lassen Sie ihn nicht vor sich hinschwelen. Wenn die „Gegenseite" nicht reagieren will, nicht an der Lösung mitarbeiten will – nun, dann ignorieren Sie den Konflikt am besten. Ein Konflikt lebt nicht nur von der Nahrung, die man ihm selbst zuführt, sondern auch von der Resonanz, dem Echo der anderen Seite. Wenn jedes Echo ausbleibt, schläft mancher Konflikt „mangels Masse" ein.

Wenn Sie als Schiedsrichter aufgerufen sind, zwingen Sie die beiden Parteien an den Verhandlungstisch, halten Sie die Emotionen aus dem Gespräch soweit wie möglich heraus, lassen Sie sich aber vor allem Zeit, damit beide Seiten ihre „guten" Gründe vorbringen können. Dringen Sie auf einen Abschluß, das heißt, lassen Sie sich von beiden Seiten versichern – am besten schriftlich –, daß die Angelegenheit bereinigt ist, dringen Sie auch auf Einhaltung dessen, was beschlossen wurde, und kontrollieren Sie die Resultate.

Drohen Sie bei Verhandlungen nicht mit Dingen, die Sie nicht bereit oder fähig sind, auch auszuführen. Das politische Beispiel Jugoslawien: Die UN-Drohungen wurden nie ernst genommen, weil die kriegführenden Parteien ziemlich sicher sein konnten, daß die westliche Welt sich nicht ernsthaft einmischen wollte.

Einen letzten Punkt möchte ich zum Thema Verhandlung und Konfliktlösung noch erwähnen, der sich gleichermaßen in der Politik wie im Geschäftsleben zeigt: die Härte, die Kälte und Abgebrühtheit, mit der man vorgeht. Was macht es schon, wenn der Verhandlungspartner verletzt oder durch harte Bedingungen zu unzumutbaren Zugeständnissen gezwungen wird? Das Leben ist hart, der Konkurrenzkampf noch härter! Was macht es schon wirklich, wenn irgendwo weit weg ein paar tausend oder sogar hunderttausend Menschen sterben? Es ist furchtbar, sagt man – und geht zur Tagesordnung über. Das tun wir bei den politischen Geschehnissen mit der faden Ausrede, wir könnten ja doch nichts dagegen tun. Und ich sehe die Ellenbogenmentalität, die Rücksichtslosigkeit, den kalten Geschäftsgeist oft in Verhandlungsräumen. Da werden die kleinen Zuliefererfirmen von den „Großen" rücksichtslos ausgequetscht und abgewürgt, mit Achselzucken und dem Hinweis, die Kosten müßten zum Überleben gesenkt werden.

Diesem Geist ist schwer beizukommen, das stimmt. Aber versuchen müssen wir es trotzdem, indem wir immer und immer wieder auf Vernunft drängen, auf Fairneß; indem wir harte Attacken immer wieder an uns abprallen und uns nicht zu ähnlich hartem Auftreten verleiten lassen. Für mich ist es das Kennzeichen eines guten Managers, wenn er es schafft, Fairneß und einen ruhigen Umgangston in Verhandlungen aufrechtzuerhalten, wenn er seine Ruhe und Haltung bewahrt, wenn er seinen eigenen, fairen Kurs, unbeirrt durch die Haltung anderer, weitersteuert. Alles, was im Leben Spuren menschlichen Wirkens hinterläßt, ist das Resultat von Beharrlichkeit und langer, geduldiger Arbeit. Solch einen Stil kann man nicht erzwingen oder per Dekret einführen. Er muß wachsen, und dazu bedarf es der Zeit und der Pflege.

Ich wünsche Ihnen, daß Ihnen die Zeit vergönnt ist, solche Spuren zu hinterlassen!

Elfter Brief

Übrigens:

Zu diesem letzten Punkt: Neben Zeit bedarf es vor allem des Nachdenkens über diese Dinge. Wir sind nicht gewohnt oder dazu erzogen worden, die bestehenden Ansichten (und Vorurteile) genügend in Frage zu stellen, wir akzeptieren zu leicht, daß es „nun einmal so sei". Dabei muß man nur einmal anhalten und über diese Dinge nachdenken – dann allerdings auch konsequent. Wenn der Denkprozeß erst einmal „gefaßt" hat, wird manchem so manches von selbst klar. Aber ein kluger Kopf hat schon gesagt: „Denken ist so ermüdend, daß viele es vorziehen zu urteilen". Oder, wie Richard B. Sheridan, der irische Schriftsteller, es ausdrückte („The Critic"): „The number of those who undergo the fatigue of judging for themselves is very small indeed." (Die Zahl derer, die sich der Mühe unterziehen, selbst zu urteilen, ist in der Tat sehr klein.)

Schlaglichter

Gründliche Vorbereitung einer Verhandlung ist „die halbe Miete"	Ja
Flexibilität und Kompromißbereitschaft sind unabdingbar	Ja
Kompromißbereitschaft = Schwäche	Nein
Härte ist die wichtigste Voraussetzung für erfolgreiche Verhandlungen	Nein
Fairneß ist bei Verhandlungen tödlich	Nein
Beide Seiten am Verhandlungstisch sind Gegner	Nein
Behandle die Gegenseite als Verhandlungspartner	Ja
Gib der anderen Seite eine Chance, einen (Teil-)Erfolg mitzunehmen	Ja
Konfliktlösung mit Betonung auf „Lösung"	Ja
Konflikt kann stimulierend und positiv sein	Ja
Konflikte, die man vor sich hinschwelen läßt, lösen sich von selbst	Nein
Konflikte über Fakten sind leicht zu lösen	Ja
Konflikte über Ziele, Methoden, Prinzipien sind schwer zu lösen	Ja
Ein Vermittler verzögert die Verhandlungen nur	Nein
Jeder Manager kann genug Erfahrung zur erfolgreichen Verhandlungsführung und Konfliktlösung sammeln	Ja
Positive Verhandlungsergebnisse sind Zufälle	Nein
Vernunft und Emotion sind schlechte Partner	Ja
Wenn keine Lösungsbereitschaft besteht, vergiß die Verhandlung	Ja
Das Verhandlungsklima soll von Fairneß bestimmt sein	Ja
Fakten sind Fakten	Jein

Zwölfter Brief:
Internationales Management

*Wer überall zu Hause ist,
ist nirgends zu Hause.*

Lieber Richard!

Sie erzählen, daß es bei einem Gespräch mit Kollegen zu einer Diskussion über den Begriff „Internationales Management" kam. Einer der Kollegen meint, es gäbe bei den heutigen Verflechtungen und der zunehmenden Internationalisierung der meisten Unternehmungen nur noch internationales Management. Das ist zwar in gewissem Sinne richtig, seine Einstellung ist aber beeinflußt von dem Umstand, daß er und wir Zeit unseres Lebens im Ausland und/oder in internationalen Teams gearbeitet haben, und daß die Art seiner Tätigkeit (Raumfahrtprojekte) automatisch internationale Kontakte und Zusammenarbeit mit sich bringt.

Tatsache ist, daß sich ab einer gewissen Größe die Mehrzahl der Firmen und Organisationen und deren Management-Teams als international bezeichnet. Tatsache ist aber auch, daß es sich dabei oft um übersteigerte Darstellungen oder reine Lippenbekenntnisse zum internationalen Management handelt. Das Management Centre Europe, das größte Ausbildungsinstitut für Führungskräfte der Wirtschaft in Europa, hat Anfang dieses Jahres über 700 Manager europäischer Firmen (oder in Europa operierender Zweigniederlassungen außereuropäischer Firmen) über das Thema „Internationales Management" befragt („How International Are You and Your Company? Management Centre Europe 1994"). Diese Untersuchung hat ergeben, daß:

- 80 Prozent der Firmen sich als international bezeichnen, selbst wenn sie nur in einem ausländischen Markt tätig sind, und 63 Prozent der Manager sich für international halten;
- 16 Prozent der Manager nur eine Sprache sprechen – und natürlich Amerikaner mit 46 Prozent und Engländer mit gar 56 Prozent die Spitze halten (dies „natürlich" ist nicht abwertend gemeint, sondern spiegelt den Umstand wider, daß Englisch die Welt-Handelssprache ist);

- 43 Prozent der Befragten nur in einem Land (dem Heimatland) gearbeitet haben;
- die Unternehmensphilosophie von der Zentrale und heimischen Umständen bestimmt ist, wobei US- und englische Firmen an der Spitze des „Unternehmens-Kolonialismus" stehen;
- „inländisch" an ausländische Märkte herangegangen wird und wenige Firmen ein internationales Top-Management-Team haben, in dem Erfahrungen und Kenntnisse der verschiedenen Märkte eingebracht werden; 60 Prozent der Befragten sind der Meinung, daß nicht genug, 20 Prozent geben an, daß überhaupt keine Ausländern in der Zentrale der Firma vertreten sind;
- nur bei 18 Prozent der Firmen Zweigstellen oder ausländische Niederlassungen von Ausländern geleitet werden.

Auf die Frage, was ihrer Meinung nach geschehen müßte, um die zweifellos als unzureichend empfundene Situation zu ändern und der Bezeichnung „international" und „internationalem Management" gerecht zu werden, sagen:

- 78 Prozent, es müsse ein echtes internationales Klima in der gesamten Organisation geschaffen werden, das heißt, mehr Ausländer müßten in leitende Positionen kommen;
- 71 Prozent, die Kenntnis über und das Verständnis für Überseemärkte müßten in der Zentrale erheblich aufgebessert werden;
- 68 Prozent, die Kommunikation mit den Märkten müsse verbessert werden;
- 66 Prozent, die Einschätzung und Bewertung nationaler und regionaler Marktunterschiede sei mangelhaft;
- 65 Prozent, es bedürfe der Entwicklung eines internationalen Management-Modells, das aus allen in der Organisation vertretenen Kulturen das Beste heraushole.

Sie sehen, daß es in vielen Chefetagen anscheinend an der Erkenntnis fehlt, daß internationales Management nicht einfach die Fortsetzung der Managementtätigkeit im Mutterhaus bedeutet; daß das Sich-Öffnen gar nicht so leicht ist und daß es eine grundsätzlich andere Einstellung und Arbeitsmethode erfordert, um erfolgreich mit oder in Märkten zu operieren, die verschieden vom eigenen Land sind, und mit Mitarbeitern, Partnern oder Kunden zusammenzuarbeiten, deren Einstellung zum Leben, zur Arbeit und zum Geschäft sich oft gravierend von unserer unterscheidet.

Internationales Management 121

Bei einigen Kapiteln unserer Korrespondenz zum Thema Management wollte ich schon auf den internationalen Rahmen eingehen, in dem Sie und ich arbeiten, und darauf hinweisen, was sich speziell aus unserer Arbeit in internationalen Teams ergibt. Ich wollte prüfen, ob all die in unserer Korrespondenz erwähnten Grundsätze auch dort gültig sind (sie sind es!). Das will ich nun etwas ausführlicher tun. Bevor ich aber auf die speziellen Aspekte des internationalen Managements und die besonderen Anforderungen an den internationalen Manager im Detail eingehe, möchte ich eines ganz deutlich sagen: Bei jeder Definition von internationalem Management muß die Betonung auf *Management* liegen. Man kann ein Globetrotter, ein Sprachgenie, sogar ein Experte auf dem Gebiet internationaler Finanzangelegenheiten sein – wenn man nicht die Managementgrundsätze kennt und beherrscht, wird, unabhängig vom Tätigkeitsfeld, schlußendlich nur ein schlechter Manager übrigbleiben.

Es macht absolut keinen Unterschied, ob ein schlechter Manager in internationalen Angelegenheiten herumpfuscht oder ob die Folgen seiner Inkompetenz auf den heimischen Markt beschränkt bleiben. Allerdings bietet internationales Management größere Chancen, seine Inkompetenz zu beweisen, was nicht nur Sand in das Getriebe der Firma bringt, sondern oft ihren Ruf, ihr Image nachhaltig ruiniert. Deswegen sollte es sich jede Firmenleitung sehr genau überlegen, bevor sie eine „seitliche Beförderung" ins Ausland vornimmt („lateral arabesk" nennt Peter es in einer Ableitung seines Peter-Prinzips), um einen faulen Apfel aus der Zentrale loszuwerden. Die Liebe wächst vielleicht mit zunehmender Entfernung, die Wertschätzung für einen inkompetenten Manager jedoch nicht.

Wann wird denn aber eine Tätigkeit, vor allem eine Managementtätigkeit, international? Nun, natürlich dann, wenn sie entweder im Heimatland in einem multinationalen Team, im Rahmen eines internationalen Projektes ausgeübt wird, oder wenn ein Manager, als Vertreter einer Firma oder Organisation, in einem Land arbeitet, in dem sich nicht die Zentrale dieser Firma oder Organisation befindet. Und ein Manager wird zum internationalen Manager, wenn er mit oder in ausländischen Märkten operiert, wenn er es mit Mitarbeitern oder Kunden zu tun hat, die eine andere Nationalität – und damit meistens auch einen anderen kulturellen Hintergrund – als er selbst haben.

Was unterscheidet nun einen internationalen Manager von einem Kollegen, der auf dem Inlandsmarkt tätig ist? Ich möchte betonen, daß es hier nicht um wertende Beurteilungen geht, daß wir, die wir international tätig sind, natürlich absolut keinen Grund haben, uns den Kollegen der Inlands- oder anderer Abteilungen in irgendeiner Weise überlegen zu fühlen. In jeder Firma gibt es verschiedene Abteilungen, die Mitarbeiter mit unterschiedlicher Ausbildung und auch Neigung erfordern. Internationales Marketing ist nur eine wie viele andere Spezialabteilungen. Die Qualifikationen für die Ausübung der internationalen Tätigkeit sind anders, deswegen aber nicht unbedingt „besser". Allerdings werden sie von vielen als so speziell und anspruchsvoll angesehen, daß sie „schwerer" erscheinen. Schauen wir uns doch einfach einige Eigenschaften an, die ich persönlich für eine erfolgreiche Management-Tätigkeit auf internationaler Ebene für erforderlich halte:

- Ein internationaler Manager hat den Unterschied zwischen „zu Hause" und „draußen" erkannt, gelernt, sich klargemacht; dieser Unterschied ist ihm in Fleisch und Blut übergegangen, und er hat ihn bei allem, was er tut, im Hinterkopf. Er weiß, und ich meine damit, daß er wirklich begriffen hat, daß Inlandsmarkt nicht gleich Auslandsmarkt ist, daß ein ausländischer Mitarbeiter nicht identisch ist mit einem Landsmann, daß die Welt nicht an den Grenzen des Heimatlandes aufhört, sondern dort erst beginnt. Internationales Management fängt damit an, sich diese Unterschiede bewußt zu machen – so banal und simplistisch das klingen mag. Ein Manager, der glaubt, die Unterschiede ignorieren zu können, sich ihnen nicht anpaßt, wird im schlechtesten Fall versagen, im besten nicht optimal arbeiten. Das ist doch selbstverständlich, werden Sie sagen. Sicher, es ist nur immer wieder erstaunlich (und frustrierend) zu sehen, wie schwer sich manche Leute im Ausland tun, ihre Gewohnheiten, Erwartungen und Vorgehensweisen dem Gastland anzupassen – vom Einfliegen aller Lebensmittel und Haushaltsartikel bis zur Übernahme von Arbeitspraktiken und der Gestaltung des Arbeitsalltags „so, wie es zu Hause auch gemacht wird".
- Ein internationaler Manager „kennt die Welt", er ist weltgewandt; er ist wahrscheinlich schon gereist, bevor er eine Auslandsposition eingenommen hat. Er hat vielleicht in einem anderen Land studiert oder gearbeitet – und er hat Sprachen gelernt. Er ist aufgeschlossen dem gegenüber, was außerhalb der Grenzen seines Heimatlandes vorgeht; er ist nicht engstirnig, nationalistisch oder fanatisch, sondern bringt anderem und Fremdem Toleranz entgegen – wir sprechen natürlich vom Idealfall!

Der Typ des Managers, den ich im Ausland als erfolgreich empfunden habe, war meistens bescheiden, das heißt, er kehrte nie den Vertreter einer reichen Nation heraus, war nicht arrogant; er war sich bewußt, daß sein Verhalten und Auftreten auf die Firma, in der er arbeitet, und auf die Nation, der er angehört, zurückfällt. Er fand es demnach höchst peinlich, wenn seine Landsleute sich als Touristen aufführten, als gehöre die Welt ihnen, oder glaubten, im Urlaub ruhig einmal „die Sau rauslassen" zu können.

- Wenn ein Manager ein erfolgreicher internationaler Manager ist, weiß er über Welthandel und Weltmärkte Bescheid. Die letzten GATT-Vereinbarungen und die Auswirkungen des NAFTA-Vertrages sind ihm so bekannt wie die Maßnahmen der EU zur Harmonisierung oder Erweiterung des Europäischen Marktes. Vor allem aber hat er sich eine gute Kenntnis des Landes, mit oder in welchem er arbeiten will, angeeignet. Sie glauben gar nicht, wie viele Türen sich Ihnen öffnen, wenn Sie mit Ihren Partnern oder Kunden über die Geschichte oder die Kultur ihres Landes sprechen können. Und genauso leicht kann es als Arroganz und Nichtachtung aufgefaßt werden, wenn Sie nichts von der vielleicht reichen Kultur des Landes, die Ihren Gesprächspartnern wichtig ist, wissen.

Ein Markt ist nicht eine nebulöse statistische oder finanztechnische Einheit, sondern der Lebensraum und die Heimat von Menschen, die oft eine andere und uns fremde Sicht und Wertung von Leben, Arbeit und all den Dingen haben mögen, die uns wichtig sind. Aber als Mitarbeiter sind diese Menschen das Kapital – und nicht nur eine Ressource –, das es einem Manager ermöglicht, die ihm gesteckten Ziele zu erreichen, genau wie zu Hause. Im Grunde sind diese Leute genau wie unsere Landsleute – und manchmal sogar sehr viel angenehmer. Wieder eine Binsenweisheit, werden Sie denken. Sicher, aber ich kann Ihnen aus eigener Erfahrung versichern, daß die Respektierung der Persönlichkeit und der Menschenwürde nicht überall selbstverständlich ist – daß engstirnig nationalistische Einstellung und leider auch die rücksichtslose Ausbeutung der „menschlichen Ressource" mehr die Regel als die Ausnahme darstellt.

- Ein guter internationaler Manager, jemand der also seiner Firma wirklich Erfolge bringt, ist ein guter Kommunikator. Kommunikationsfähigkeit ist für mich der Schlüssel zu erfolgreichem internationalem Management! Dies geht über die Fähigkeit, andere Sprachen zu sprechen, hinaus – fängt allerdings meiner Ansicht nach dort an, da mit einer Sprache automatisch vieles andere über Land und Leute aufgenommen wird, was Kommunikation im weitesten Sinne erleichtert. Ich bin überzeugt (lachen Sie mich ruhig aus), daß jemand, der fremde Sprachen spricht, sich sogar in der Zeichensprache besser verständlich machen kann, wenn er denn einmal mit Leuten zu tun hat, deren Sprache er nicht spricht. Eine Sprache, die zwei Menschen gemeinsam sprechen, verbindet; und je mehr Sprachen jemand spricht, desto mehr Kontaktpunkte stehen ihm zur Verfügung, nicht nur zum Nutzen der Firma, sondern auch zur Bereicherung seines eigenen Lebens. Man erlebt ein Land ganz anders, wenn man der Sprache mächtig ist; und vieles bleibt verschlossen, wenn das nicht der Fall ist. Ich meine aber, wie gesagt, nicht nur Sprachbegabung, sondern Kommunikationsfähigkeit, die Sensibilität, die es erlaubt, ungesprochene Botschaften richtig zu lesen, die hilft, Brücken zu schlagen, die über das gesprochene oder geschriebene Wort hinausgehen.

Wir müssen kurz auf den Unterschied zwischen einem Manager, der im Heimatland für ein internationales Team verantwortlich ist, und dem, der im Ausland solch ein Team leitet oder für eine Zweigniederlassung verantwortlich ist, eingehen. Ein Manager in der Zentrale, der für einen bestimmten Markt oder eine Region verantwortlich ist, muß selbstverständlich planen, organisieren, kontrollieren, delegieren usw. wie jeder andere Manager auch. Die Entfernung zum Operationsgebiet der Mitarbeiter, der fehlende direkte, tägliche Kontakt erschwert diese Tätigkeiten allerdings beträchtlich. Welches Maß an Selbständigkeit und Unabhängigkeit er den Leitern seiner Zweigstellen, Verkaufsbüros oder Vertretungen lassen will und kann, hängt von verschiedenen Umständen ab, zum Beispiel:

– Wie gut kennt er seinen „Mann in Havanna", welche persönlichen Erfahrungen hat er mit ihm gemacht? Kann er ihm vertrauen?
– Wie ist es bisher in diesem Markt gelaufen, welche Erfahrungswerte liegen vor, wieviel Kontrolle ist notwendig, wie verläßlich sind die Informationen, die geliefert werden (die Objektivität von Fakten ändert sich in erstaunlichem Maße von Land zu Land!)?
– Welchen Einfluß und welche Bedeutung haben die geographische Lage (Nachbarland oder Antipode), die Größe und Bedeutung des Marktes, die wirtschaftliche und politische Stabilität, der Geschäftstrend (Verkaufsvolumen und Gewinn)?

Wie intensiv sich ein Manager mit einem Markt beschäftigen muß, aber auch, wieweit er ihn „am langen Zügel" führen kann, ist also ein Erfahrungswert.

Aber im allgemeinen erfordert ein ausländischer Markt mehr Zuwendung und sogar Kontrolle, weil der tägliche Kontakt im Inland, die vielen „bekannten Größen" im Alltag des Managements automatisch mehr Visibilität und Sicherheit geben. Im Ausland muß diese Sicherheit oft mit vielen Reisen erkauft werden.

Wenn man nun selbst im Ausland eine Managementposition innehat, kommen einige spezielle Aspekte hinzu. Einige Eigenschaften, die zu jedem guten Manager gehören, gewinnen an Bedeutung, werden lebenswichtig. Ein Manager muß dann:

- informiert sein, und zwar über alles, was mit den Aktivitäten der Firma zu tun hat – und ich meine: alles! Der Warenfluß vom Zulieferer (oder der Zentrale) über die Einfuhr und Lagerung bis zur Verarbeitung und Auslieferung; die Geschäftsabläufe, von der Bestellung oder Auftragsvergabe bis zur abschließenden Buchung; der Kommunikationsfluß, von der „Qualitätskontrolle" eingehender Informationen bis zur Kontrolle, wie Anordnungen aufgenommen und befolgt werden, muß ihm bis ins kleinste Detail vertraut sein. Er muß aber auch alle Räumlichkeiten der Firma kennen, es darf buchstäblich kein Eckchen geben, das er nicht kennt und regelmäßig kontrolliert, schon aus Sicherheitsgründen;
- sichtbar sein, nach innen wie nach außen; das heißt, er darf sich nicht in seinem Büro vergraben, sondern muß immer wieder von allen gesehen werden, bei Rundgängen, Kontrollen, Informationsgesprächen mit den verschiedensten Leuten, aber auch stets zugänglich, erreichbar sein, wenn jemand ihn sprechen muß oder möchte. Aber die „Sichtbarkeit" ist auch nach außen wichtig, bei Kunden und Geschäftspartnern wie bei Behörden, Botschaften, kulturellen Veranstaltungen. Dieser Aspekt der Auslandstätigkeit ist für manche Manager eine Qual, aber die Verbindungen, die dabei geknüpft werden können, die persönlichen Kontakte, die entstehen, und die Informationen, die er offiziell kaum bekommen könnte, sind von immensem Wert. Also, alles sehen und von allen gesehen werden;
- kommunikativ sein, er muß in der Lage sein, mit allen zu sprechen, Fragen zu stellen und Fragen zu beantworten – am besten natürlich in der Landessprache –, jeder Kommunikationssituation gewachsen sein, ob es um interne Anordnungen, Festreden, Geschäftsverhandlungen oder „Small talk" geht. Und er muß die Zentrale informieren, laufend über die eigenen und die Aktivitäten der Konkurrenz berichten;

– energisch und konsequent sein; er muß zu seinen Entscheidungen stehen, bei irgendwelchen Vorkommnissen sofort eingreifen, keine faulen Kompromisse eingehen. Wenn etwas falsch oder nicht optimal läuft, oder wenn sogar unkorrektes Verhalten entdeckt wird – dann muß er handeln! Wenn einmal durchsickert, daß er zögert oder sich scheut, ein heißes Eisen anzugreifen, hat er in manchen Ländern kaum eine Chance, das verlorene Ansehen wieder herzustellen. Allerdings muß man sicher sein, daß er korrekte Informationen hat und daß er seine Entscheidung durchsetzen kann und nicht etwa noch größeren Schaden damit anrichtet. Einen Rückzieher machen zu müssen ist noch schlimmer als zu zögern! Ein amerikanischer Kollege hat die Vorsicht, die geboten ist, so umschrieben: „Bevor du mit deinem groben Fuß aufstampfst, sei sicher, daß nicht der Schwanz eines Hundes darunter liegt, der prompt anfängt zu bellen oder sogar zu beißen";
– den guten Willen und die Loyalität der ausländischen Mitarbeiter gewinnen und erhalten. Das kann er meistens nicht mit Reden oder energischem Auftreten erreichen, sondern durch langsame, kontinuierliche Vertrauensbildung. Er muß als verläßlich gelten, als jemand, der vielleicht viel verlangt, der aber auch gute Arbeit anerkennt und belohnt; der gewillt ist, seinen Mitarbeitern zu vertrauen, Verantwortung und Autorität zu delegieren, fair in der Kritik und im Lob zu sein, sich für seine Mitarbeiter einzusetzen, über den Rahmen der Firma hinweg Verantwortung und soziales Verhalten zu zeigen.

Viele Forderungen, ich weiß! Der Katalog ist aber nicht als Abschreckungsmittel gedacht. Auch hier gilt: immer mit der Ruhe! Niemand ist perfekt; also etwas Nachsicht mit sich selbst, wenn anfangs (noch) nicht alles so läuft, wie es idealerweise könnte und sollte. Ein Ratschlag ist vielleicht der allerwichtigste für jeden „Anfänger" in einem fremden Land: Er soll sich Hilfe suchen, nicht alles allein machen wollen – der Preis für das Lernen kann unter Umständen viel zu hoch sein. In jedem Land wird es Kollegen geben, altgediente Hasen und Kenner des Landes, der Sitten, der Geschäftsgebaren; oder alteingesessene Geschäftspartner, Vertrauenspersonen in Anwaltsbüros, Botschaften, die unbezahlbar sind mit ihren Ratschlägen und Informationen, was zu tun ist und wie man es tut. Er soll sich nur nicht aus falscher Scham scheuen zu fragen und immer wieder zu fragen!

Übrigens hatte ich vorhin erwähnt, daß sich die „Objektivität der Fakten" in erstaunlichem Maße von Land zu Land ändern kann. Genauso erstaunt es viele Manager, daß gewisse Fakten und Informationen im Ausland einfach nicht zur Verfügung stehen. Das bringt manchen deutschen Volkswirt auf die Palme, aber man muß das mit der nötigen Gelassenheit sehen. Ich will hierzu eine Geschichte einflechten, die ich selbst erlebt habe:

Ich hatte meine erste Stellung in den 50er Jahren in einem südamerikanischen Land, und zwar als „Assistent" – eine gängige Bezeichnung für jemanden, der für alles und nichts zuständig war, ein Faktotum gewissermaßen. Mein Chef, Don Gustavo, war Vertreter einiger deutscher Firmen. Eine dieser Firmen bat eines Tages um Unterlagen für eine Marktanalyse, Statistiken über Importe, Verkäufe, Preise – Sie wissen schon, eben alles, was man für eine solide Marktanalyse braucht. Don Gustavo saß an seinem Schreibtisch, starrte lange auf den Brief, sog nachdenklich an seiner Zigarette und seufzte tief, ehe er sich einen Ruck gab und mir zuwinkte, mitzukommen. In seinem uralten Ford fuhren wir zum Statistischen Amt. Dieses Amt befand sich im Erdgeschoß eines großen, etwas vergammelten Hauses aus der Kolonialzeit, im Zentrum der Stadt. Es bestand aus einem riesigen, kahlen Raum, in dem sich, außer dem Porträt des Staatspräsidenten, buchstäblich nur ein wackeliger Holztisch in der Mitte und ein großer hölzerner Kleiderschrank in einer Ecke befanden.

Am Tisch spielten ein Zivilist und zwei Polizisten Karten. Als die laufende Runde zu Ende war, drehte sich der Zivilist zu uns um und fragte, was wir wollten. Don Gustavo erklärte, daß er statistische Unterlagen für folgende Warengruppen, für den Zeitraum x benötige ... Der Zivilist unterbrach ihn, nickte zum Schrank hin, sagte: „Dort!" und wandte sich wieder dem Spiel zu. Wir gingen zum Schrank, öffneten die eine Flügeltür und sahen uns einer Masse Papier gegenüber, die anscheinend wahllos dort hineingestapelt worden war. Auf die etwas hilflose Geste Don Gustavos stand der Zivilist auf, öffnete auch die andere Tür des Schrankes und sagte: „Leute, das ist alles, was ich habe. Warum nehmt Ihr den Kram nicht mit nach Hause und sucht Euch raus, was Ihr braucht?"

Und das taten wir dann auch, karrten das „Statistische Amt" zum Büro, sortierten drei Tage lang die Papierflut, fanden zwar nicht, was wir suchten, brachten dann aber die Unterlagen, schön geordnet, wieder ins Statistische Amt. Wir waren zufrieden, der Pflicht Genüge getan zu haben, der Beamte war (hoch) zufrieden – nur die deutsche Firma konnte absolut nicht verstehen, daß so einfache, aber so wichtige Unterlagen in diesem Land nicht zu finden waren. Die Marktanalyse wurde auf Sparflamme gekocht – das Geschäft lief aber nachher bestens.

Wir haben ausführlich über Auswahl und Einstellung von Mitarbeitern gesprochen. Wenn Sie als internationaler Manager Mitarbeiter einstellen, sei es im Inland für ein internationales Team oder im Ausland, fragen Sie sich und den Bewerber:

– Warum sucht der Kandidat eine internationale Karriere, was verspricht er sich davon? Sieht er bessere Karrieremöglichkeiten, oder hält er es nur für unvermeidlich „international" zu sein, weil die Internationalisierung der meisten Unternehmungen so offensichtlich ist oder hochgespielt wird? Interessieren ihn die speziellen Anforderungen (ist er sich dieser speziellen Anforderungen überhaupt bewußt), oder reizt ihn nur die Aussicht, reisen zu können, andere Länder kennenzulernen, seine Sprachen anzuwenden?

– Paßt er in die Gruppe, hat er schon in anderen Ländern studiert, gelebt und gearbeitet? Spricht er Sprachen und wie gut? Ist er offen für Neues und Fremdes, oder hängen ihm noch die Eierschalen der „Provinz" hinter den Ohren? Ist er kontaktfreudig oder selbstbewußt, vielleicht sogar arrogant? Weiß er, was es bedeutet, in einem internationalen Team zu arbeiten? Lassen Sie ihn auch mit anderen Mitgliedern der Gruppe, mit seinen zukünftigen Kollegen sprechen, und beherzigen Sie natürlich, was die Ihnen zu sagen haben. Ich plädiere übrigens keineswegs für eine Anpassung unter Aufgabe der eigenen, nationalen Identität. Nationalstolz ist völlig in Ordnung, er darf nur nicht über Nationalismus zum Nationaldünkel degenerieren.

– Ist er sich der Nachteile bewußt, die eine Tätigkeit im Ausland mit sich bringt? Nicht nur muß seine Familie stärker als er selbst mit der fremden Umgebung, einer anderen Sprache, anderem Klima, einer gewissen Isolation, schulischen Problemen und dergleichen fertig werden. Oft sind für den Kandidaten selbst die Karrierechancen schlechter, als er glaubt, denn man ist im Ausland längst nicht so „sichtbar" wie die Kollegen in der Zentrale, kann bei Beförderungen leicht übersehen werden, auch wenn man treu und brav seine Arbeit leistet. Es ist eine seltsam paradoxe Situation, daß Firmen und Organisationen zwar immer vorgeben, Leute mit Auslandserfahrung und Fremdsprachen zu suchen, daß aber diese Qualifikationen, vor allem bei jungen Leuten, sehr selten bei der Einstellung und der Karriere honoriert werden. Immer wieder sehe ich, daß Leute, die viel Mühe in das Studium von Sprachen investiert und den Mut gezeigt haben, in ein fremdes Land zu gehen und sich dort durch-

zuschlagen, doch gegen Kandidaten verlieren, die brav am Rockzipfel eines Abteilungsleiters gehangen haben, unkritisch „gehorchen" und dem Bild des firmentreuen Mitarbeiters entsprechen.
- Wird das Auftreten eines Bewerbers richtig gedeutet? Höflichkeit und eine gewisse Zurückhaltung können beispielsweise leicht als fehlendes Durchsetzungsvermögen ausgelegt werden, wenn es in der Tat nur Ausdruck einer anderen Kultur ist. Gehaltsansprüche und Karrierevorstellungen können sehr verschieden von denen der Landsleute sein, dabei aber durchaus dem Ausland entsprechen. Manche Manager tappen da in eine Denkfalle. Es kann sehr idealistisch, aber unrealistisch sein, bei Gehältern und sozialen Leistungen den Maßstab des Heimatlandes anzulegen. Sich dem Niveau des Auslands anzupassen, bedeutet noch nicht automatisch, Wirtschafts-Kolonialismus zu betreiben und billige Arbeitskräfte auszunutzen. Gleicher Lohn für gleiche Arbeit muß keineswegs für Auslandsabteilungen gelten. Übrigens muß das Gehaltsniveau bei expatriierten Mitarbeitern, vor allem Führungskräften, keineswegs unter dem Landesniveau liegen, es wird im Gegenteil durch Zulagen aller Art oft über dem Stand des Heimatlandes liegen.
- Haben Sie Frauen genug Chancen gegeben? Diese Frage mag Sie überraschen, es ist aber eine erwiesene Tatsache, daß es vor allem zwei Fehlschlüsse beziehungsweise Märchen gibt, die dazu führen, daß Frauen im internationalen Management diskriminiert werden:

1. Märchen:
Frauen wollen nicht ins Ausland. Diese Auffassung hat sich aber nur eingebürgert, weil *nicht arbeitende* Frauen von expatriierten Mitarbeitern in der Tat die häufigste Ursache für das Versagen dieser Mitarbeiter im Ausland sind, weil diese Frauen sich allein mit den Nachteilen und Schwierigkeiten der Auslandsversetzung herumschlagen müssen (Sprache, Isolation, schulische Probleme der Kinder), während der Mann den größten Teil seiner Zeit im Kreise seiner Kollegen mit interessanter Arbeit verbringt.

2. Märchen:
Frauen werden in vielen Auslandsmärkten nicht für voll genommen, nicht akzeptiert. Es gibt Beispiele zuhauf, daß diese Ansicht völlig überholt ist. Im Gegenteil: Wenn sie als Mitarbeiter tätig sind, haben Frauen nicht nur die gleiche Ausgangsposition wie Männer, sie sind im Gegenteil sehr oft in der Lage, ihr Geschlecht zum Nutzen der Firma auszuspielen. („Women

Managers in a Global Economy", Nancy J. Adler – „Training & Development", April 1994).

Die Motivation ausländischer Mitarbeiter, vor allem in Ausland, ist schwerer als zu Hause. Erstens fehlt die „atmosphärische" Unterstützung der Umgebung, die ein Inlandsteam ebenso formt und leitet wie der direkte Einfluß des Vorgesetzten, zweitens sind aber die Motivationen von Mitarbeitern anderer nationaler, ethnischer und kultureller Herkunft zum Teil grundverschieden von den unseren. Respektieren Sie diese Unterschiede, achten Sie bei der Verteilung der Aufgaben auf die spezifischen Stärken und Schwächen (aus unserer Sicht) dieser Mitarbeiter – und natürlich noch mehr bei ihrer Beurteilung. Nochmals, und immer wieder: Wenn Sie selbst Neuling im Land sind – suchen Sie sich Hilfe und Rat bei Leuten, die das Land, die Gebräuche, Sitten und Traditionen des Gastlandes gut kennen. In diesem Zusammenhang: Die Firmenphilosophie (sofern vorhanden) muß zwar Grundlage Ihrer Tätigkeit sein, Ihre Durchsetzung und Anwendung muß aber mit einer gewissen Flexibilität gehandhabt werden.

Und damit kommen wir zu einigen abschließenden Gedanken über die Arbeit als internationaler Manager. Ich sagte schon, daß Sie als Manager, ganz gleich, wo Sie tätig sind, eine große Verantwortung tragen, die aber zur globalen Verantwortung wird, wenn Sie international operieren. Sie können dann nicht mehr nur auf ihre Aufgaben und deren Bewältigung starren, Sie werden bei allem, was Sie als Manager tun, mit den Problemen unserer Zeit und wahrscheinlich auch den Problemen des Gastlandes konfrontiert. Es ist zwar nicht Ihre Aufgabe, die Probleme des Gastlandes zu lösen, es ist aber sehr wohl Ihre Verantwortung zu prüfen, ob Ihre Tätigkeit diese Probleme vielleicht vergrößert. Ich meine damit, daß Länder der Dritten Welt, mit oder in denen Sie arbeiten, nicht Tummelplatz für rücksichtsloses Geschäftsgebaren und Profitgier sein dürfen.

Es ist traurig zu sehen, wie oft Manager im Ausland glauben, sich alles leisten zu können – es ist fast, als glaubten sie, so weit von der Heimat entfernt, tun zu können, was sie sich zu Hause, unter den Augen von Kollegen und Freunden, nie trauen würden; wie oft aber auch, ohne großen Widerstand, der Versuchung nachgegeben wird, durch billige Arbeitslöhne, Gesetzeslücken oder die laxe Handhabung von Bestimmungen, die Macht eines großen Unternehmens schamlos auszunutzen und die Ressourcen eines Landes brutal zu plündern. Sicher sollte es Teil der Unternehmensphilosophie sein, festzulegen, ob man versuchen soll, beispielsweise Ausfuhr-Bestimmungen für Waffen oder hochsensible Technologien an korrupte oder sogar verbrecherische Regierungen zu umgehen oder verseuchten Industriemüll in Entwicklungsländern abzuladen. Aber selbst wenn Sie nicht mit diesen sehr krassen Entscheidungen konfrontiert sind, werden tausend Versuchungen an Sie herangetragen werden, „im Interesse der Firma" Dinge zu tun, die im Land selbst als völlig „normal" gelten mögen und von der Konkurrenz ohne Wimpernzucken getan werden.

Denken Sie hierbei in etwas längeren Zeitspannen. Auch in Entwicklungsländern wächst der Widerstand gegen die institutionalisierte Korruption. Es wachsen auch die Ressentiments. Nationalistische, religiöse, ethnische, ideologische Bewegungen schwemmen Fanatiker in Positionen, von denen aus sie der Firma, den Investitionen, dem Geschäft – und damit all denen, die durch Ihre Tätigkeit Brot und Einkommen haben – schaden können. Die Industrie ist gefordert, etwas dazu beizutragen, um den Schaden wieder gutzumachen, den sie selbst angerichtet hat, zu Hause und in aller Welt. Und die Industrie – das sind Sie und ich.

Übrigens:

Wenn Sie in eine solche Situation kommen, kann ich nur noch einmal raten: Suchen Sie Rat und Hilfe, entweder im Land selbst oder in der Zentrale. Selbst wenn die Zentrale „grünes Licht gibt", bleibt es immer noch eine persönliche Frage zu entscheiden, wie weit Sie selbst gehen wollen, wieviel Sie mit Ihrem Gewissen vereinbaren können, ob Sie den Schritt zur institutionalisierten Korruption tun wollen oder nicht. „Für die Firma" ist dabei ein Argument, das manchen nur wenig geholfen hat, wenn Sündenböcke gesucht wurden.

Schlaglichter

Gutes internationales Management = gutes Management	Ja
Internationales Management ist verkappter Industrie-Kolonialismus	Nein
Ein internationaler Manager braucht „Herrenmenschen-Mentalität"	Nein
Ein internationaler Manager bedarf der Sensibilität dem Gastland gegenüber	Ja
Internationales Management bedeutet Respektierung und Integration des uns Fremden	Ja
Der internationale Manager spricht Englisch	Ja
Andere Sprachen (vor allem Landessprachen des Einsatzgebietes) sind vorteilhaft	Ja
Internationales Management ist besserer Tourismus	Nein
Internationales Management heißt globale Verantwortung	Ja
Internationales Management bringt anderen Ländern die Segnungen der eigenen Kultur	Nein
Internationales Management muß behutsam mit fremden Kulturen umgehen	Ja
Internationales Management ist eine Prestigeangelegenheit	Nein
Internationales Management ist mit viel Arbeit verbunden	Ja
Heutzutage ist jeder Manager ein internationaler Manager?	Jein

Dreizehnter Brief:
Verantwortung

> *„Perfektion der Mittel*
> *und Verwirrung über Zwecke*
> *kennzeichnen unser Zeitalter"*
> A. Einstein

Lieber Richard!

Sie bleiben also bei Ihrem Entschluß, eine Karriere im Management anzustreben? Also gut! Wenn Sie es aber wirklich wollen, dann tun Sie es auch mit aller Konsequenz. Richten Sie sich darauf ein, daß Sie dieser Karriere Opfer bringen müssen. Der Umstand, daß Sie sie in einer Firma beginnen wollen, die mit technischen Projekten betraut ist, wird es Ihnen erlauben – zunächst zumindest –, bis zu einem gewissen Grad mit technischen Dingen in Berührung zu bleiben, was ja Ihr Hauptanliegen ist. Aber seien Sie sich bewußt, daß die technische Arbeit im direkten Verhältnis zur Zunahme der reinen Managementtätigkeit abnehmen wird. Ein „Fachidiot" wird niemals ein guter Firmenchef sein können.

Bevor ich zum Hauptthema dieses Briefes komme, hier einige Hinweise, die für Ihre Karriere nützlich sein könnten. Wenn Sie als Manager „höher hinaufwollen", sollten Sie folgende Punkte beachten:

– Beten Sie sich ständig, am besten täglich, das Peter-Prinzip vor! Am Ende jedes Monats, mindestens aber einmal im Jahr zur Zeit der Beurteilungen, fragen Sie sich schonungslos, ob Sie noch auf dem richtigen Karrieregleis sind, oder ob Sie etwa eine Weiche übersehen haben und auf das Gleis Ihrer Inkompetenz gerollt sind oder zurollen! Ich sage und betone dies nicht, um Sie zu entmutigen, sondern im Gegenteil, um Ihnen Sicherheit bei der Verfolgung Ihrer Karrierepläne zu geben. Streben Sie so hoch hinaus, wie Sie nur können – aber eben auch nur so hoch, wie Sie können. Wagen Sie auch den großen Wurf, aber versichern Sie sich, daß Sie ihn jetzt schon wagen dürfen. Tun Sie, was immer nötig ist: Ausbildung, Erfahrung sammeln, was es auch sei, um den Wurf zu einem späteren Zeitpunkt mit Aussicht auf Erfolg wagen zu können. Mut zum Risiko ja, aber kein Vabanquespiel!

- Arbeiten Sie hart, aber vernünftig. Sie werden mit acht Stunden an fünf Arbeitstagen pro Woche nicht auskommen. Aber 16 Stunden siebenmal die Woche ist nicht die Antwort. Sorgen Sie für den Ausgleich zur Arbeit, wie immer der für Sie persönlich aussehen mag. Niemandem, auch nicht Ihrer Firma, ist mit einem ausgebrannten Vierziger gedient!
- Arbeiten Sie genau, aber haben Sie keine panische Angst vor gelegentlichen Fehlern – eigenen oder denen Ihrer Mitarbeiter.
- Machen Sie sich die Firmenziele und die Politik Ihrer Organisation zu eigen. Wenn Sie das nicht können, wenn diese Politik unvereinbar mit Ihren Grundsätzen ist, dann wechseln Sie die Firma!
- Seien Sie konziliant, höflich, Ihren Vorgesetzten gegenüber entgegenkommend, aber kriechen Sie nicht! Höflichkeit, das Akzeptieren eines gewissen Stils seiner Vorgesetzten ist völlig in Ordnung und sogar notwendig – das hat nichts mit Unterwürfigkeit zu tun. Aber eine Karriere, die auf Speichelleckerei aufgebaut ist, würde Ihnen bald selbst den Magen umdrehen. Erich Kästner hat gesagt: „Man darf nie so tief sinken, von dem Kakao, durch den man gezogen wird, auch noch zu trinken."
- In einer Zeit, in der es üblich ist, daß man zu Besuchen, Feiern und sogar öffentlichen Anlässen in Jeans erscheint, bleibt es meiner Ansicht nach dennoch ratsam, „korrekt" gekleidet zu sein. In unserer Organisation sieht man Wissenschaftlern und Computer-„Freaks" ihr „Einstein-Image" nach – ein Top-Manager muß schon außergewöhnliche Fähigkeiten haben, um sich saloppes Auftreten leisten zu können. Gepflegtes Auftreten verschafft einen unsichtbaren Hauch von Kultur, auf den die meisten zwar nach außen hin pfeifen, den Sie aber dennoch im Innern respektieren.
- Vermeiden Sie gekünsteltes Kumpeltum. Das bedeutet beileibe nicht, daß Sie einen „Klassenunterschied" betonen sollten. Zuviel von elitärer Fassade und Vorgesetzten-Arroganz beeinträchtigt heutzutage das Betriebsklima vieler Firmen. Sie sind nicht „Chef von Gottes Gnaden", sondern höchstens „Primus inter paris". Ohne Ihre Leute und deren Fachwissen, das das Ihre in Detailgebieten sowieso weit übersteigen dürfte, können Sie überhaupt nichts erreichen. Aber die Kehrseite, das Anbiedern, die Kumpelei ist nicht das, was Ihre Leute von Ihnen erwarten, sondern Führungseigenschaften und ein Klima des Vertrauens, das auch ohne Duzen und gemeinsame Stammtischbesuche aufgebaut werden kann.
- Verbarrikadieren Sie sich nicht in Ihrem Büro. Versuchen Sie, soviel wie nur möglich im direkten Kontakt mit Ihren Leuten, bis hinunter zu den

"untersten Rängen", von dem zu erfahren und zu verstehen, was dort an Detailarbeit geleistet wird. Scheuen Sie sich auch nicht, die Ärmel hochzukrempeln und sich die Hände schmutzig zu machen. Management bedeutet nicht, über den Wolken schwebend große, einsame Entscheidungen zu treffen, sondern die physischen und intellektuellen Kräfte Ihrer Gruppe auf das Erreichen der vorgegebenen Ziele zu richten und auch selbst mit anzupacken.

- Seien Sie „informiert", schauen Sie über den Rand Ihrer Arbeit, Ihrer Abteilung hinaus. Alles, was Sie über die Tätigkeit der Firma, auch anderer Abteilungen wissen, kann Ihnen nur nützlich sein. Aber schauen Sie auch weiter! Man kann heutzutage kein Universalgenie mehr sein – man braucht es auch gar nicht! Aber jedes Fünkchen Wissen um Dinge außerhalb des direkten Arbeitsgebietes kann Ihrer Stellung und Tätigkeit dienlich sein, kann die Brücke bilden, die zu einem anderen geschlagen wird, sei es nun beruflich oder privat.

- Seien Sie „sichtbar". Das heißt nicht, sich dauernd vorzudrängen, in Wichtigtuerei zu verfallen, sich bei Ihren Vorgesetzen beliebt zu machen (wo möglich auf Kosten anderer!). Machen Sie durch gute Arbeit, durch gutes Management von sich reden, aber auch durch aktive Mitarbeit an allem, was die Firma tut, auch was nicht direkt mit der Arbeit Ihrer oder anderer Abteilungen zu tun hat. Machen Sie mit, wenn es gilt, die Firma in der Öffentlichkeit vorzustellen oder zu vertreten. Wenn Sie sich nicht mit der Firma identifizieren können, wenn Sie sich nur als Gehaltsempfänger sehen, in der Firma nur den Arbeitgeber, der mit Ihrem Leben nichts mehr zu tun hat, sobald Sie das Büro verlassen, dann, fürchte ich, sind Sie nicht am rechten Platz, schon gar nicht, wenn Sie eine Karriere in dieser Firma anstreben.

- Teil des „Sichtbar-Seins" ist aber auch das informelle Gespräch mit Kollegen nach Dienstschluß. Hier können Sie Informationen sammeln, Gedanken austauschen und mehr Hintergrundwissen erwerben als in manch langer Besprechung während der Arbeitszeit.

- Nutzen Sie Ihre Zeit und Ihre Fähigkeit, um Artikel zu schreiben oder Vorträge zu halten, ob die Themen Ihren eigenen Arbeitsbereich betreffen oder nicht, ob sie hausintern oder für die Öffentlichkeit bestimmt sind. Nehmen Sie an einem Rhetorikkurs teil, um Ihren Vortragsstil zu verbessern – und üben Sie die erworbenen Techniken dann auch so oft Sie nur können.

Bei all diesen Dingen vermeiden Sie aber um Gottes Willen den Krampf! Was Ihnen nicht liegt, das lassen Sie lieber. Wenn Sie sich mit Gewalt zu etwas zwingen müssen, sind die Chancen, daß es gut wird, sehr gering. Es gibt sicher genügend Dinge, die Ihnen wahrscheinlich sehr wohl liegen; denken Sie also in Ruhe nach, welche Möglichkeiten Sie wahrnehmen wollen (und können). Seien Sie sich bewußt, daß die „Sichtbarkeit" zwar wichtig und sehr hilfreich sein kann, um eine Stufe auf der Karriereleiter zu erklimmen, daß Sie aber auch schneller auf das Niveau der Inkompetenz führen kann. Glauben Sie nicht, daß diese Sichtbarkeit Ersatz für fachliche Kompetenz und solide Leistung sein kann!

Und ein letzter Hinweis, der (endlich) direkt zum Thema des Briefes überleitet:

Seien Sie sich der Verantwortung bewußt, die Sie übernehmen, wenn Sie eine Managementkarriere antreten. Diese Verantwortung betrifft zunächst Ihren Aufgabenbereich und den Umgang mit Ihren Mitarbeitern. Leider ziehen Manager, Berater und Trainingsinstitute oft einen Rauchvorhang zu und verkomplizieren das Thema „Management", bis es kaum noch durchschaubar und zu handhaben ist. Und in dem Rauch tappen Managementnovizen herum und suchen den Weg, werden von links und rechts mit Verhaltensmaßregeln und Modellen für den Umgang mit Mitarbeitern bombardiert und können kaum noch zwischen den hochgejubelten Rechten der Mitarbeiter und den Notwendigkeiten Ihres Managementberufs unterscheiden.

Klarheit muß geschaffen werden, und das heißt, daß Sie sich über die Möglichkeiten klarwerden müssen, die Sie haben, Ihren Mitarbeitern all das zu geben, was sie erstreben, und dabei doch die gestellten Aufgaben innerhalb des Zeit-, Kosten- und Qualitätsrahmens zu lösen. Es gibt einen Arbeitsmarkt, es gibt Aufgaben, es gibt eine Konkurrenz, es gilt, Resultate zu erzielen. Das ist der Rahmen, innerhalb dessen Sie, aber auch Ihre Mitarbeiter arbeiten müssen. Entweder sie können dabei Befriedigung ihrer Bedürfnisse finden, oder sie können es nicht – dann müssen sie sich einen anderen Arbeitsplatz suchen.

Das klingt hart, ich will damit aber nur zur Klarheit und zur Ehrlichkeit ermutigen. Jeder muß wissen, „was drin ist", dann kann er die Entscheidung treffen, ob das für ihn genug ist oder nicht. Unklarheit ist unfair und hilft niemandem. Diese Ehrlichkeit ist nicht Härte, sondern im Gegenteil eine

Mahnung, echte Menschlichkeit in den Umgang mit anderen zurückzuholen, nicht dem Vortäuschen falscher Tatsachen das Wort zu reden. Über die vielen Techniken des Managements und der Personalführung ist die Menschlichkeit, die Bereitschaft, auf den anderen als Individuum einzugehen, verlorengegangen. Der Mitarbeiter wird nicht als einzelner, als Mensch betrachtet, sondern als „menschliche Ressource" – und das kann zur Un-Menschlichkeit führen.

Als Manager führen Sie Menschen und koordinieren nicht nur Ressourcen. Ihre erste Verantwortung als Manager gilt daher Ihren Mitarbeitern. Ihnen wird nicht die Macht gegeben, über eine Gruppe von Menschen zu herrschen, sondern die Pflicht, eine Gruppe von Menschen zum Erfolg zu führen, und zwar so, daß das Resultat zufriedenstellend ist und auch Ihre Mitarbeiter Befriedigung finden. Diese Übernahme von Pflichten steht im Vordergrund, nicht die Rechte, die vielleicht dabei abfallen. Und diese Pflichten für andere hat jeder in einer leitenden Position: Sie als Projektleiter genauso wie jeder Staatsdiener, ob es ein Prof. Dr. Dr. h.c. mult. als Leiter einer Behörde ist, oder ob der alte Fritz für sich die Verantwortung übernahm, erster Diener seines Staates zu sein. Wenn Ihnen dies zu sehr nach „preußischen Tugenden" klingt, dann geben Sie mir eine andere Definition, die vielleicht moderner ist. Ob sie besser sein kann, wage ich zu bezweifeln, denn die Tugenden, von denen ich rede, sind zeitlos, genau wie die Notwendigkeit, sie zu leben.

Als Manager haben Sie aber auch nicht mehr die Möglichkeit, sich nur auf Ihre Arbeit zu konzentrieren und die Augen vor allem zu verschließen, was um Sie vorgeht, sei dies nun eine Folge Ihrer Arbeit oder nicht. Um Ihre Arbeit und vor allem Ihre Karriere planen zu können, genügt es nicht, nur nach vorne zu schauen. Sie müssen wie bei jedem Planungsprozeß zunächst die Frage stellen: „Wo bin ich und wie bin ich hierher gekommen? In welche Arbeits- und Umwelt hinein plane ich meine Karriere? Wo werde ich in zehn Jahren stehen?" – Und das bedeutet ganz automatisch, wo werden „wir" in zehn Jahren stehen, als Firma oder Organisation, aber auch als Mitglied eines Staates, einer Nation oder als Bürger dieser Welt. Es ist auch eine Verpflichtung für uns Manager, über den Zaun unserer täglichen Arbeit hinauszuschauen, teilzuhaben an dem, was uns als Menschheit auf den Nägeln brennt.

Die Industrie, zu der wir nun einmal als arbeitende Kräfte gehören, hat viel zu den katastrophalen Zuständen beigetragen, die heute herrschen. Alvin

Toffler formuliert es in seinem Buch „Future Shock" sehr prägnant: „Unternehmerisches Wachstum wurde zu einem schrecklichen moralischen Preis erkauft." Und Rupert Riedl schreibt in „Kultur – Spätzündung der Evolution?": „Wir erhöhten die Produktion und schufen das Proletariat, wir vermehrten die Güter, und die Bevölkerung explodierte, wir verbessern die Mobilität und betonieren die Landschaft zu, wir entriegeln neue Energien und produzieren den overkill, wir fördern das Wachstum und ruinieren unseren Lebensraum. Und weil wir uns mit einer reparierbar gemachten Welt aus Garagen, kanalisierten Flüssen, Industrien, Menschensilos und Asphaltguß umgeben, versteigern wir uns zu der unsinnigen Ansicht, Mensch und Natur seien ebenso reparierbar." (Antworten auf Fragen an die Evolutions- und Erkenntnistheorie.)

Ich bin daher der Meinung, daß die Industrie – und das sind letzten Endes Sie und ich, wir alle, vor allem wenn wir eine leitende Stellung einnehmen – auch zur Lösung der anstehenden Probleme viel beitragen sollten. Es ist unsinnig, anzunehmen, wir könnten einfach so weitermachen wie bisher; weiterhin blind zu glauben, Fortschritt und Wachstum sei alles. Und genau so unsinnig ist es zu sagen: „Nach uns die Sintflut." Die Sintflut steht uns schon bis zum Hals!

Wir werden umdenken müssen, alle – die Politiker, die Industrie, der einzelne. Und dabei geht es nicht um ein weltfremdes „Zurück zur Natur". Wir müssen durchaus akzeptieren, daß ein irreversibler Trend zu einer künstlichen Umwelt nicht nur einen neuen Menschenschlag hervorgebracht hat, sondern daß es darum geht, diese künstliche Umwelt menschenwürdig zu gestalten. Büro, Wohnung, Auto, die totale Information durch Radio und Fernsehen formen einen Menschen, den man vielleicht später einmal als homo sapiens industrialis in der Evolutionsgeschichte beschreiben wird, oder als „Megaman", wie ich es vor kurzem las, als jemand diese neue Rasse Mensch definieren wollte. Ob dieser neue Mensch mehr Einsicht haben wird, mehr begreifen kann von dem, was um ihn herum geschieht? Welche Folgen wird sein Zutun haben?

Ich muß oft an die Geschichte denken, in der ein Anthropologe und Verhaltensforscher, der sich mit Schimpansen beschäftigte, nachdenklich vor einem Schimpansen saß und sinngemäß sagte: „Es ist erstaunlich, wieviel er lernen kann, wie ähnlich er in manchem dem Menschen sein kann – und doch, wie deutlich auch die Grenze seines Begriffsvermögens zu sehen ist, die Schwelle, über die er nicht hinauskommen kann." Wenn wir von den Entdeckungen hören, die täglich gemacht werden, von den Erkenntnissen, die einige von uns über den Mikro- wie über den Makrokosmos gewinnen können, und von den Ausmaßen im Kleinen wie im Großen, die sich unserem Begriffsvermögen entziehen – dann frage ich mich oft, ob wir nicht auch an die Grenzen dessen gestoßen sind, was wir mit unserem derzeitigen Hirn begreifen können; ob es nicht einer weiteren Evolutionsstufe bedarf, den Menschen dies begreifen zu lassen – und ihm vielleicht damit auch die Möglichkeit zu geben, sein Leben entsprechend einzurichten. Solche Evolutionsschübe kommen nur sehr selten und sehr langsam. Die stürmische Entwicklung der letzten 200 Jahre ist ganz sicher nicht genug Zeit in der Evolutionsgeschichte, um von einem Evolutionsschub oder -sprung zu sprechen. Aber vielleicht ist ein Ansatz zu erkennen?

Im Moment stehen alle Zeichen auf Sturm, scheinen die Pessimisten recht zu behalten oder recht zu bekommen, die sagen, es sei zu spät, die zerstörerische Eigendynamik des „Systems" sei nicht mehr zu bremsen, es sei einfach nicht mehr möglich, die Industrie und die Produktion anzutasten, den Energieverbrauch einzuschränken, und somit sei der Wachstumsoverkill vorprogrammiert. Daß dies in der Tat sehr schwierige Aufgaben sind, steht außer Zweifel, aber simplistische Parolen, wie: „Wollt ihr etwa zurück ins Steinzeitalter?" helfen ganz sicher nicht und tragen nur zur Verunsicherung und zur Trübung des Wassers bei, in dem sich dann um so rücksichtsloser fischen läßt.

Verantwortungsbewußtsein ist gefragt – und zwar auf allen Ebenen. Wir sind keine Politiker – und ich möchte gleich hinzusetzen, daß ich den Politikern, ganz gleich welcher Couleur, gar nicht die Fähigkeit zutraue, etwas zu ändern. In aller Fairneß: Ich glaube nicht, daß sie überhaupt die Möglichkeit haben, den Kurs zu ändern.

Wir stehen und arbeiten im Wirtschaftsleben. Wirtschaft und Industrie sind aber noch viel zu sehr befangen im alten Denken, das bestimmt ist von Fortschrittsgläubigkeit, überzogenem Gewinnstreben und krebsartigem Wachstumsdrang. Ein neues Denken ist gefragt, geprägt von Verantwortungsbewußtsein. Solche Denkungsart aber muß sich langsam entwickeln, langsam Fuß fassen – und das ist die Aufgabe jedes einzelnen. Ja, es bleibt wieder einmal an uns hängen, an jedem, der fähig ist, sich Gedanken zu machen, der bereit ist, bei sich und im kleinen Kreis anzufangen, an der

Gestaltung einer menschlicheren, postindustriellen Welt mitzuarbeiten. Da fällt den Managern auf allen Ebenen (und nicht nur denen, die an der Firmenspitze stehen) eine besondere Verantwortung zu. Und um diese Verantwortung geht es mir – dieser Verantwortung müssen Sie sich bewußt sein, wenn Sie eine Managerkarriere anstreben.

Fragen Sie nicht: „Was kann ich in meiner Position denn schon tun?" Gebrauchen Sie nicht die Ausrede: „Ich will meine Arbeit tun, mit anderen und durch Mitarbeiter die mir gestellten Aufgaben lösen, sonst nichts." Das reicht nicht, wir können uns aus der Verantwortung nicht mehr herausreden und -winden. Also lassen Sie uns anfangen, lassen Sie uns mit den Erfahrungen des Gestern und den Erkenntnissen des Heute an die Schaffung eines menschlicheren Morgen gehen:

– Machen Sie sich die Problematik bewußt. Verschließen Sie nicht die Augen vor dem, was um uns her vorgeht, auch im weiteren Umfeld Ihres Landes und der Welt. Wir sind alle „global managers", kaum einer unter uns ist ausschließlich mit seinem kleinen Land beschäftigt, die Komplexität des Welthandels und der weltweiten Industrievernetzung bringt uns mit anderen Ländern direkt in Verbindung. Was sich dort tut, ist nicht mehr etwas, was uns nur ganz „peripher tangiert" – es geht uns direkt an, hat wahrscheinlich sogar über kurz oder lang direkten Einfluß auf unser Leben. Und mit unserer Arbeit haben wir in irgendeiner Form sicher auch Einfluß auf das, was sich am anderen Ende der Welt tut.
– Seien Sie kritische gegenüber den „Segnungen" des Fortschritts und der Technologie: Lassen Sie mich den Klappentext zu Neil Postmans Buch „Das Technopol – die Macht der Technologien und die Entmündigung der Gesellschaft" zitieren: „...eine unmißverständliche Aufforderung, es uns in der Welt der hilfreichen Technologien nicht bequem zu machen; eine leidenschaftliche Verteidigung der menschlichen Vernunft gegen die Entmündigung der Gesellschaft durch die Maschinen; ein Vorschlag, die Freiheit wieder auf Verantwortung zu gründen". Postman definiert das Technopol so: „Es ist das, was einer Gesellschaft zustößt, wenn die Abwehrmechanismen gegen die Informationsschwemme zusammengebrochen sind. Es ist das, was eintritt, wenn die Institution einer Gesellschaft nicht mehr imstande ist, mit dem Übermaß an Information fertig zu werden."
– Erhalten Sie sich Ihre geistige Freiheit, das heißt, hüten Sie sich vor Ideologien jeglicher Art, die die Freiheit des Geistes beschränken wollen

oder könnten, einschließlich Firmenideologien. Dies bedeutet nicht, sich keiner Regel oder Beschränkung zu beugen, die für das Funktionieren des gesellschaftlichen Zusammenlebens unerläßlich ist. Der wirklich freie Mensch kann diese Regeln des Zusammenlebens viel besser einordnen und akzeptieren, als die, die glauben, durch Proteste gegen jede „Reglementierung" und durch das bewußte Ignorieren jeder Regel und Ordnung für eine individuelle Freiheit einzustehen, in Wirklichkeit aber nur Ihrer Ich-Bezogenheit freien Lauf lassen. Also, seien Sie kritisch – in der Annahme wie in der Ablehnung.

– Bringen Sie die Menschlichkeit zurück in den Arbeitsalltag, oder achten Sie darauf, daß sie nicht daraus vertrieben wird. Dies kann sich in Personalentscheidungen ausdrücken, aber viel mehr noch im Ton, der in Ihrer Abteilung herrscht, in der Gestaltung des Arbeitstages, im Entgegenkommen, das Sie einem Mitarbeiter entgegenbringen, in der Sorgfalt, mit der Sie Mitarbeiter beurteilen, in der Hilfe, die Sie ihnen bei der Gestaltung ihrer Karriere, durch Aufgabenverteilung oder Weiterbildungsmaßnahmen geben.

– Seien Sie Vorbild, seien Sie korrekt. Korrekt im Umgang mit allen Menschen, denen Sie täglich begegnen, von Ihrer Familie bis zu den Kunden. Seien Sie Vorbild in korrektem Geschäftsgebaren, Vorbild in der Art, wie Sie arbeiten – effizient, wirksam. Sie können damit dazu beitragen, das Image des Managers etwas aufzupolieren, was dringend nötig ist.

– Seien Sie tolerant. Der Umgang mit Geschäftspartnern aus anderen Ländern und Kulturkreisen ist eine gute Schule für ein echtes Weltbürgertum. Und das bedeutet nicht Aufgabe einer nationalen Identität, sondern das Verhindern, daß Nationalbewußtsein über Nationalstolz zu Nationaldünkel degeneriert.

– Bleiben Sie realistisch! Werden Sie weder zum Eiferer und unduldsam allem gegenüber, was Ihren Ansprüchen nicht genügt, noch lassen Sie sich entmutigen durch den obigen Katalog an Forderungen. Es ist nicht leicht, so zu leben, wie man sollte! Gebote sind seit eh und je von Religionen und Gesetzesgebern aufgestellt worden, weil die Menschen täglich daran erinnert werden mußten. Niemand erwartet, daß Sie perfekt sein sollen, aber schon der Versuch, nicht allzu unperfekt zu sein, würde Sie ehren. Uns alle würde dieser Versuch ehren, und hilfreich ist schon das Wissen um den Unterschied von dem, was man sollte, und dem, was man nicht tun sollte, und der gelegentliche Versuch, wenigstens das letztere zu lassen. „Das Gute – dieser Satz steht fest – ist stets das Böse, das man läßt."

Auf unser Thema bezogen: Stellen Sie Anforderungen an sich, und bemühen Sie sich, diesen Anforderungen zu genügen. Aber etwas von der Toleranz, mit der Sie anderen begegnen sollten, muß auch für Sie selbst übrigbleiben und für das gelegentliche Scheitern eines ehrlichen Bemühens.

Dies sind einige der Forderungen, die an Sie gestellt werden, wenn Sie wirklich bei Ihrem Entschluß bleiben wollen, ein Manager zu werden. Nicht daß die Forderungen für andere Berufe nicht gälten – ich glaube nur, daß Manager in Industrie und Wirtschaft eine besondere Verpflichtung haben, sich diesen Forderungen zu stellen und mit der Übernahme einer leitenden Position diese spezielle Verpflichtung mitübernehmen. Solange Sie sich dieser Verantwortung bewußt sind, können Sie ruhig an der Perfektion all der Techniken arbeiten, die Ihnen die Ausübung dieses vielfältigen Berufes erleichtern können.

Dazu wünsche ich Ihnen alles Gute – und viel Spaß, den auch dieser Beruf im großen Maße bieten kann!

Übrigens:

Wenn ich gefragt würde, was ich für die wichtigsten Voraussetzungen für den Erfolg im Managementberuf hielte, würde ich sagen:
- gründliche Vorbereitung und Kenntnis der Grundsätze,
- Spaß an der Herausforderung,
- genaue Kenntnis und tatsächliches Begreifen der drei Grundgesetze des Managements: Murpheys Gesetz, Parkinsons Gesetz und des Peter-Prinzips und
- Humor!!!

Wenn Sie das wechselvolle Leben eines geplagten Managers nicht mit Humor tragen können, dann rate ich Ihnen dringend, Ihre Zukunftspläne neu zu überdenken. Wenn Sie nicht hin und wieder über Ihr eigenes Strampeln im Netz der Termine herzlich lachen können, dann haben Sie Magengeschwüre oder Nervenzusammenbrüche in Ihre Zukunftspläne fest einkalkuliert. Und wenn Sie nicht gelassen Wilhelm Buschs Wort: „Aber hier, wie überhaupt, kommt es anders, als man glaubt", in Ihre beruflichen wie privaten Pläne heimlich mit einbauen können, wird Frustration nicht ausbleiben – und die ist sicher keine gute Voraussetzung für den Erfolg im Managementberuf.

Lesen Sie des öfteren Wilhelm Busch und Eugen Roth und alle die, die den Humor „predigen"! Lachen Sie, so oft Sie können – und Sie werden erkennen, wie sehr Humor das Leben, auch das Geschäftsleben, erleichtern kann – für Sie und für andere. Na denn – viel Spaß!

Schlaglichter

Die Verantwortung eines Managers geht über die Erledigung der anstehenden Aufgaben hinaus	Ja
Wir alle tragen Verantwortung für das, was sich um uns herum tut	Ja
Veränderung tut not	Ja
Kultureller Fortschritt bedeutet menschliche Entwicklung	Ja
Technischer Fortschritt um jeden Preis	Nein
Wir haben das Wachstum im Griff	Nein
Die Industrie ist verantwortlich für die meisten Probleme	Ja
Die Industrie hat die Verantwortung, zur Lösung beizutragen	Ja
Ethische Prinzipien müssen und können ins Geschäftsleben zurückgebracht werden	Ja
Skrupellosigkeit und Profitgier sind unvermeidbar	Nein
Kants kategorischer Imperativ ist unangenehm, aber gültig	Ja
Nach uns die Sintflut	Nein
Was am anderen Ende der Welt geschieht, „tangiert mich nur ganz peripher"	Nein
Mit den Erfahrungen des Gestern und den Einsichten des Heute an einem besseren Morgen bauen	Ja
Die zerstörerische Eigendynamik des Systems ist noch zu bremsen?	Jein

Literaturverzeichnis

ADY, R./HOHENSTEIN, G.: Die 100 Gesetze erfolgreicher Unternehmensführung, München, 1990
ARGYRIS, C.: Understanding Organizational Behaviour, Homewood Ill., 1960
BAMBECK, J./WOLTERS, A.: Jeder kann gewinnen, München, 1992
BERNE, E.: Spiele der Erwachsenen, Reinbek, 1967
BLAKE, R./MCCANSE, A. A.: Das GRID-Führungsmodell, Düsseldorf, 1992
BLANCHARD, K./JOHNSON, S.: Der Minuten-Manager, Reinbek, 1983
BÖNING, U.: Moderieren mit System, Wiesbaden, 1991
BONO, E. DE: Laterales Denken, Düsseldorf, 1989
DRUCKER, P.: Die Chance des Unternehmens, Düsseldorf, 1987
DRUCKER, P.: Neue Realitäten, Düsseldorf, 1989
DRUCKER, P.: Die Zukunft managen, Düsseldorf, 1992
FAYOL, H.: Allgemeine und Industrielle Verwaltung, München – Berlin, 1929
FISHER, R./URY, W.: Das Harvard-Konzept, Frankfurt, 4. Auflage 1985
FOLLET, M. P.: The New State, London, 1918
FROMM, E.: Die Furcht vor der Freiheit, München, 1990
FUCHS, J. (HRSG.): Das biokybernetische Modell, Wiesbaden, 1991
GALBRAIGHT, J. K./SALINGER, N.: Almost Everyone's Guide to Economics, London, 1989
GALL, J.: Systemantics, New York, 1977
GEISSLER, E.: Elite, Köln, 1982
HANDY, C.: Im Bauch der Organisation, Frankfurt, 1993
HANDY, C.: The Empty Raincoat, London, 1994
HANDY, C.: Management-Stile, Hamburg, 1988
HERZBERG, F.: Work and the Nature of Man, World Publishing Co., 1966
HIRZEL, M.: Management-Effizienz, Wiesbaden, 4. Auflage 1988
HÖHLER, G.: Spielregeln für Sieger, Düsseldorf, 1991
KANTER, R. M.: The Change Masters, New York, 1983
KEPNER, C./TREGOE, B.: The Rational Manager, Princeton, 1965
KINLAW, D. C.: Spitzenteams, Wiesbaden, 1993
KIRCHNER, B.: Dialektik und Ethik, Wiesbaden, 2. Auflage 1992
KIRCHNER, B.: Rhetorik für Führende, Wiesbaden, 1993
KOSIOL, E.: Die Unternehmung als wirtschaftliches Aktionszentrum, Reinbek, 1966
LAY, R.: Krisen und Konflikte, Frankfurt, 1984
LIEBEL, H. J./OECHSLER, W. A.: Personalbeurteilung, Wiesbaden, 1991
LIKERT, R.: New Patterns of Management, New York, 1961

LORENZ, K.: Die acht Todsünden der zivilisierten Menschheit, München, 1982
MASLOW, A.: Motivation and Personality, New York, 1954
MAYO, E.: Probleme industrieller Arbeitsbedingungen, Frankfurt, 1948
MCGREGOR, D.: The Human Side of Enterprise, New York, 1960
MINTZBERG, H.: Mintzberg über Management, Wiesbaden, 1991
MOHLER, A.: Die 100 Gesetze erfolgreicher Mitarbeiterführung, München, 1992
MÜLLER-SCHWARZ, U./WEYER, B.: Präsentationstechnik, Wiesbaden, 1991
OGGER, G.: Nieten in Nadelstreifen, München, 1992
OUCHI, W.: Theory Z: How American Business Can Meet the Japanese Challenger, Reading Mass., 1981
PARKINSON, C. N.: Parkinsons Gesetz, Düsseldorf, 1992
PETER, L./HULL, R.: Das Peter-Prinzip, Reinbek, 1972
PETERS, T.: Jenseits der Hierarchien, Düsseldorf, 1992
PETERS, T./WATERMAN, R.: Auf der Suche nach Spitzenleistungen, Landsberg, 1982
POSTMAN, N.: Das Technopol, Frankfurt, 1992
POTTER, S.: One-Upmanship, London, 1952
SAAMAN, W.: Effizient führen, Wiesbaden, 1990
SCHLAG, H.-G.: Abenteuer Führung, München, 1992
SCHUPPERT, D. (HRSG.): Kompetenz zur Führung, Wiesbaden, 1993
STAEHLE, W. (HRSG.): Handbuch Management, Wiesbaden, 1991
STEINBACHER, F.: Die Herausbildung von Eliten für Wirtschaftsunternehmungen, 1972 (unveröffentlicht)
STRUTZ, H. (HRSG.): Handbuch Personalmarketing, Wiesbaden, 2. Auflage 1993
TAYLOR, F.: Die Grundsätze wissenschaftlicher Betriebsführung, München – Berlin, 1913
TOWNSEND, R.: Organisation ist fast alles, München, 1987
WEBER, M.: Wirtschaft und Gesellschaft, Berlin, 1972

Stichwortverzeichnis

A
Ahrendt, H. 53
American Management Association 10
Arbeitssucht 86
Arteriosklerose 44 ff.
Augustine, N. R. 43
Ausbildung 17, 76 ff.
Auswahl von Mitarbeitern 101 ff.
Autorität 45

B
Bedarfsanalyse 101
Beförderung 12
Beurteilung 96
Beurteilungsgespräch 76, 96 ff.
Bewerbungsabsage 102
Bewerbungsunterlagen 101
Bohr, N. 21
Bürokratie 44 ff.
Busch, W. 143

D
Delegation 49 ff.
Delegieren 24 f., 49 ff.
Dirac, P. 70
Drucker, P. 15, 17

E
Effektivität 38
Effizienz 38
Einarbeitung 102
Einstein, A. 133
Einstellungsgespräch 101 ff.
Entscheidungsfindung 56 ff.
Entspannung 86 f.
Ethik 32 ff., 75

F
Fayol, H. 17
Firmenpolitik 31 ff.
Follett, M. P. 17
Frauen im Ausland 129
Führer 14 ff.
Führungseigenschaften 14

G
Gaulle, C. de 59

H
Harvard Business School 75
Hildebrandt, D. 76
Humor 143

I
Iacocca, L. 105
Inkompetenz 11 ff.

J
Joubert, J. 60

K
Kandidaten 101 ff.
Karriere 12, 73
Karriere, internationale 128 f.
Karriereplanung 73 ff.
Katharina die Große 95
Kästner, E. 134
Kennedy, J. F. 101
Kepner, C. 54
Kleidung 134
Kommunikation 63 ff.
Kommunikation, Definition 65
Kommunikation, Grundregeln 65, 67
Kommunikation, mündliche 68

Kommunikation, schriftliche 68
Kommunikation, Telegrammstil 68
Kommunikationsschwierigkeiten 68
Kompetenz-Inventur 101
Konfliktlösung 114 ff.
Konfuzius 63
Korruption 35 f., 131
Kontrolle 39, 53 f., 60
Krebs 44 ff.
Krupp, A. 25
Kumpelei 134
Kursauswahl 76 ff.

L
Lay, R. 65
Light Management 95
Linienfunktion 21
Lorenz, K. 97
Loyalität 59
Lukowitz, E. v. 25

M
Macht 34, 45
Management 10 ff.
Management als eigenständiger Beruf 14 ff.
Managementausbildung 77 ff.
Management Centre Europe 119
Management, internationales 119 ff.
Management – Menschenführung 16
Management – Verwaltung 17
Managementzyklus 21 ff.
Manager 10
Maslow, A. 93
Maugham, W. S. 91
Mintzberg, H. 17
Mitarbeiterauswahl 101
Mittelmäßigkeit 105
Mobilität 106
Moffo, A. 79
Moral 31 ff.

Motivation 91 ff.
Murpheys Gesetz 47
Mut 16

N
Napoleon 57, 86

O
Ogger, G. 48, 91
Organigramm 44
Organisation 22, 26, 43 ff.
Organisation – Pyramide 45
Organisationskrankheiten 44 ff.
Organisationsstruktur 44 ff.
Organisieren 44 ff.

P
Parkinson, C. N. 47
Personalbedarf 101
Personalbeschaffung 101
Peter-Prinzip 11 ff., 80, 133
Pirsic, R. 46
Planen 22, 38 ff.
Planung – operationelle 38
Planung – strategische 38
Planung 38 ff.
Planungsfetischismus 40
Planungsformalismus 39
Planungsgrundfragen 38
Pöhl, K. O. 25
Politik, 109 ff.
Postman, N. 140
Prioritäten 25
Problemanalyse 54 ff.
Problem 54 ff.
Protagoras 73

R
Referenzen 101
Ressource, menschliche 137
Rhetorik 68
Riedel, R. 138
Roth, E. 18

Runes, D. 80

S
Schiller, F. 74
Schweigen 65 f.
Sekretärin 28, 43
Selbstverwirklichung 95 f., 98
Sheridan, R. B. 116
Situationsanalyse 39
Sitzungen 85 f.
Sprache 63 ff.
Stabsposition 21
Stanhope, P. D. 71
Steinbacher, F. 31
Stellenbeschreibung 101
System 46 ff.

T
Taylor, F. W. 17
Teamarbeit 24
Technopol 140
Telegrammstil 68
Thoreau, H. D. 47
Time Management 83, 87

Toffler, A. 138
Tregoe, B. 54
Typen, schwierige 98, 101 f., 105 f.

U
Umweltschutz 34
Unternehmensgrundsätze 33
Unternehmensphilosophie 32 ff.
Unternehmensstrategie 31 ff.
Unternehmensziel 31 ff.

V
Verantwortung 130, 136 ff.
Verhandlungstechnik 109 ff.
Vermittler 110 ff.

W
Weiterbildung 76 ff.
Wittgenstein, L. 63

Z
Zehnkämpfer 23 ff.
Zeit 83 ff.
Zielsetzung 31 ff.

Der Autor

Wolfgang Siemers wurde 1932 in Südamerika als Kind deutscher Eltern geboren. Er besuchte die Schule in Hamburg, Danzig, Wien, Ansbach und zum Abiturabschluß in Asunción/Paraguay. Auf dem Gebiet des internationalen Marketings war er in der pharmazeutischen Branche in Süd- und Nordamerika, Mitteleuropa und dem Nahen Osten tätig. Nach dreijähriger Ausbildungs- und Marketingarbeit beim Ausbildungszentrum Management Centre Europe in Brüssel widmete er sich ganz der Personalarbeit und  ist seit 1972 für die Europäische Weltraumbehörde im Personalwesen tätig – seit 1990 als Personalchef der italienischen Niederlassung ESRIN.

Wolfgang Siemers veröffentlichte zahlreiche Beiträge in mehreren Sprachen zu „Management" und „Ausbildung". Sein Buch „Management and more" erschien 1993 im Gabler Verlag.

Weitere Fachbücher zu Selbstmanagement und Karrierestrategie

Robert Becker
Besser miteinander umgehen
Die Kunst des interaktiven
Managements
284 Seiten, 78,— DM

Wolf W. Lasko
Small talk und Karriere
Mit Erfolg Kontakte knüpfen
176 Seiten, 58,— DM

Wolf W. Lasko
Charisma
Mehr Erfolg durch persönliche
Ausstrahlung
260 Seiten, 68,— DM

Jagdish Parikh
Managing Your Self
Streßfrei und gelassen auf dem Weg
zu Spitzenleistungen
224 Seiten, 78,— DM

Winfried Prost
Führe dich selbst!
Die eigene Lebensenergie
als Kraftquelle nutzen
160 Seiten, 68,— DM

Udo B. Schwartz
First Class
In Spitzen-Restaurants und
Top-Hotels professionell auftreten
224 Seiten, 68,— DM

Gerhard Schwarz
Konfliktmanagement
Sechs Grundmodelle
der Konfliktlösung
191 Seiten, 68,— DM

Wolfgang Siemers
Management and more
Die Kunst der Führung in 12 Briefen
204 Seiten, 68,— DM

Rudolf F. Thomas
Chefsache Mobbing
Souverän gegen Psychoterror
am Arbeitsplatz
160 Seiten, 58,— DM

Rolf Wabner
Selbst-Management
Wie Sie zum Unternehmer Ihres
Lebens werden
91 Seiten, 38,— DM

Rosemarie Wrede-Grischkat
Manieren und Karriere
Verhaltensnormen für Führungskräfte
332 Seiten, 72,— DM

Zu beziehen über den Buchhandel
oder den Verlag.

Stand der Angaben und Preise:
1.12.1994
Änderungen vorbehalten.

GABLER
BETRIEBSWIRTSCHAFTLICHER VERLAG DR. TH. GABLER, TAUNUSSTRASSE 52-54, 65183 WIESBADEN

MIX
Papier aus verantwortungsvollen Quellen
Paper from responsible sources
FSC® C105338

If you have any concerns about our products,
you can contact us on
ProductSafety@springernature.com

In case Publisher is established outside the EU,
the EU authorized representative is:
**Springer Nature Customer Service Center GmbH
Europaplatz 3, 69115 Heidelberg, Germany**

Printed by Libri Plureos GmbH
in Hamburg, Germany